Les Simpson™

du Homer pour les Fêtes

Les Simpson™

Du Homer pour les Fêtes

Publisher: Matt Groening
Creative Director: Bill Morrison
Managing Editor: Terry Delegeane
Director of Operations: Robert Zaugh
Special Projects Art Director: Serban Cristescu
Art Director: Nathan Kane
Production Manager: Christopher Ungar
Production/Design: Karen Bates, Art Villanueva
Production Assistance: Chia-Hsien Jason Ho, Mike Rote
Editorial Assistance: Sherri Smith, Nathan Hamill
Legal Guardian: Susan A. Grode
Book Concepts and Design: Serban Cristescu

ISBN : 978-2-874-42751-0

N° d'édition : L.10EBBN001157.N001

Imprimé par G. Canale & C, EU. Dépôt légal : Octobre 2011 ; D.2011/0053/380

CONTENTS

RÉVEILLON DE NO
sur Evergreen Terr

NOËL
HOMER
Homer

MATT GROENING présente

LE PÈRE NOËL ET LES LETTRES DE SPRINGFIELD

PAUL DINI SCÉNARIO · PHIL ORTIZ DESSIN · MIKE DeCARLO ENCRAGE · NATHAN HAMILL COULEURS · THIERRY CASTILLO LETTRAGE · BILL MORRISON ÉDITEUR · CÉLINE PETITDIDIER ADAPTATION FRANÇAISE

DANGER!
CHAQUE ANNÉE, C'EST LA MÊME CHOSE. IL FERAIT N'IMPORTE QUOI POUR DIFFÉRER LA LECTURE DE CES FAMEUSES LETTRES !
VOUS AVEZ VU LE P.N. ?
DANS SON LABO.
VOUS ALLEZ ADORER ÇA, PATRON ! PLUS DE SOUCI AVEC LES ENFANTS DÉSOBÉISSANTS !
CE PÈRE NOËL ROBOT VA DISTRIBUER LES COUPS À VOTRE PLACE !
MAIS JE NE FRAPPE PAS LES ENFANTS ! UN MORCEAU DE CHARBON PEUT-ÊTRE PAR-CI PAR-LÀ, À LA LIMITE...

JOYEUX NOËL À TOUS ET POUR TOUS UNE **BONNE RACLÉE !**
FAUT VIVRE AVEC SON TEMPS, PAPI ! LES ENFANTS D'AUJOURD'HUI NE SONT QU'UNE BANDE DE REBELLES SAUVAGES ! IL LEUR FAUT DE LA ***DISCIPLINE !***
CLICK!
EH BIEN PEUT-ÊTRE PAS POUR **CE** NOËL-CI, MAIS JE VAIS PRENDRE LE TEMPS D'Y RÉFLÉCHIR.
DES MILLIERS D'ANNÉES !
BON BEN MOI, JE RETOURNE BRICOLER LE FER NOËL.
VOUS ***VOILÀ***, PÈRE NOËL ! VOUS NE M'ÉCHAPPEREZ PLUS !
HÉ, BONJOUR, MARLON. ÇA Y EST, C'EST LE JOUR J, N'EST-CE PAS ?
EH OUI ! J'EN AI BIEN PEUR, MONSIEUR.
TOUPIE MUSICAL
DÉCEMBRE
BIEN, JE NE PEUX PLUS REMETTRE À PLUS TARD.
COURRIER

#6
#7
#8
#9
#10
#11
#12
#13
ON EST À LA VEILLE DE NOËL ET J'AI LU LES LETTRES DE TOUTES LES VILLES DE LA TERRE.
SAN FRANCISCO
LONDRES
ANTWERP
DETROIT
OSLO
BERLIN
GLASGOW
SOUPIR... SAUF *CELLE-CI*.
SPRINGFIELD
TU SAIS, MARLON, UNE VILLE COMME SPRINGFIELD NE PEUT SE RÉSUMER SIMPLEMENT EN "GENTILS" ET EN "MÉCHANTS".
JE SAIS, PÈRE NOËL. UN PETIT REMONTANT DANS VOTRE LAIT DE POULE ?
XXX
JE VAIS EN AVOIR BESOIN. HMMM... JE VOIS QUE L'ON COMMENCE EN HAUT DE LA LISTE DES MÉCHANTS AVEC UNE LETTRE DE *BART SIMPSON*.
JE SENS QUE JE VAIS RIRE JAUNE AVANT DE LA JETER DANS LA PILE DES "RIEN À EN TIRER".
"CHER PÈRE NOËL, PAR OÙ COMMENCER ? CETTE ANNÉE A ÉTÉ PLEINE DE FOLIES ET DE BÊTISES ET IL RESTE ENCORE UNE OU DEUX SEMAINES."

"JE SUPPOSE QUE SI VOUS M'AVEZ OBSERVÉ PENDANT LES DOUZE DERNIERS MOIS, VOUS SAVEZ QUE JE N'AI PAS LA MOINDRE CHANCE, QUE DIEU ME PARDONNE, DE FAIRE PARTIE DE LA LISTE DES GENTILS."
POUR UNE FOIS, CE JEUNE DÉMON NE MENT PAS.
"L'INCIDENT DE LA CRÈME DE MAÏS À LUI SEUL AURAIT VALU À N'IMPORTE QUEL ENFANT UNE PUNITION À VIE."
APRIL
JE NE VEUX MÊME PAS SAVOIR...
BIEN DIT !
"ALORS PLUTÔT QUE DE PERDRE MON TEMPS ET VOUS FAIRE PERDRE LE VÔTRE EN PRIÈRES INFRUCTUEUSES, JE VAIS ME DÉCLARER PERDU POUR CETTE ANNÉE ET ESSAYER DE FAIRE MIEUX L'AN PROCHAIN."
"VOTRE COPAIN, BART."
#11
AU MOINS LE PETIT MONSTRE SAIT S'AVOUER VAINCU.
PÈRE NOËL
VOILÀ UNE LETTRE DE SA SŒUR... QUEL ADORABLE ENFANT.
"CHER PÈRE NOËL, COMME VOUS LE SAVEZ PEUT-ÊTRE, JE ME SUIS RÉCEMMENT CONVERTIE AU BOUDDHISME, ET BIEN QUE JE VOUS REMERCIE POUR LES POUPÉES PAMELA MALIBU ET LES CD DE LESTER YOUNG REÇUS À MES HUIT DERNIERS NOËL, JE SOUHAITERAIS MAINTENANT DES CADEAUX QUI ÉCLAIRENT MON ESPRIT."
BÉNIE SOIS-TU, PETITE. MERCI D'ALLÉGER UN PEU MON TRAÎNEAU.
Décembre
Comme vous le savez peut-être,
je me suis récemment convertie au
bouddhisme, et bien que je vous
remercie pour les poupées

"BIEN SÛR, SI JAMAIS VOUS AVIEZ DÉJÀ PRÉVU UN PONEY, JE LE PRENDRAIS."
HMMMM... BIEN, COMME LE HASARD FAIT BIEN LES CHOSES ! CE N'EST PAS LE CAS. PASSONS À L'ENFANT SUIVANT.
#8
DANS LE CAS DE CE RÉDACTEUR, SEULE SA SENSIBILITÉ SE RAPPORTE À CELLE D'UN ENFANT.
"OUI. LES ARTICLES SUIVANTS SONT À ME LIVRER EN PARFAIT ÉTAT. ET S'IL VOUS PLAÎT, QUAND C'EST POSSIBLE, METTEZ DEUX EXEMPLAIRES DE CHAQUE."
L'HOMME RADIOACTIF
DEMI-LITRE
LAIT DE POULE
"L'ÉDITION ORIGINALE DE 1978 DU DEWBACK DE STAR WARS, LA FIGURINE ORIGINALE DE 45 CM DE L'ALIEN, LA POUPÉE ORIGINALE DE 1980 DE WONDERWOMAN..."
EST-CE QU'IL NOUS RESTE UN DE CES JOUETS DANS L'ENTREPÔT ?
JE NE LES FABRIQUE PLUS DEPUIS DES ANNÉES, P.N.
#9
LONDRES
"UNE COLLECTION DE FIGURINES BUFFY LIVRÉES PAR BUFFY EN PERSONNE, SARAH MICHELLE GELLAR..."
À l'obsédé de la part de la tueuse. Ne m'approche plus !!
Sarah

"SUR CE DERNIER POINT, J'ACCEPTERAIS AUSSI D'ÊTRE LIVRÉ PAR LUCY LAWLESS, LYNDA CARTER OU ENCORE HALLE BERRY EN COSTUME DE CATWOMAN OU DE STORM..."
#7
#8
#9
PÈRE NOËL
ARRÊTEZ, MONSIEUR. ÇA VA VOUS DONNER LA MIGRAINE.
MAINTENANT TU COMPRENDS POURQUOI JE REMETS LA LECTURE DE CES LETTRES À LA DERNIÈRE MINUTE. C'EST LA VILLE LA PLUS ÉTRANGE DU MONDE...
ESSAYEZ CELLE-LÀ.
"CHER SUPERMAN, LES ÉCUREUILS SONT DE RETOUR ! ET ILS ONT DES PETITES SPATULES ! AIDEZ-MOI !"
ON DIRAIT QUE BARNEY GUMBLE A REPLONGÉ. IL FAUT LE RÉINSCRIRE EN CURE DE DÉSINTOXICATION.
OUI, PÈRE NOËL.
CELLE-CI VIENT DU PRODUCTEUR QUI FAIT TOUS CES DESSINS ANIMÉS SUR VOUS.
AH OUI, JE VOIS... "BUREAU DE ROGER MEYERS JR, CHER M. NOËL..."

"ENTRE PROFITEURS ET PROPRIÉTAIRES D'ESCLAVES..." QUOI ?!?
... NOUS CONNAISSONS TOUS DEUX LA VALEUR DE CES SOI-DISANT ARTISTES SOUS-PAYÉS ET FACILEMENT REMPLAÇABLES. C'EST LA DÉFINITION DU DICO, PAS LA MIENNE.
1928
60 YEARS
1988
AIDEZ MOI !
CELA ÉTANT DIT, J'AIMERAIS NÉGOCIER AVEC VOUS LES SERVICES DE N'IMPORTE LEQUEL DE VOS ELFES, GNOMES, LUTINS OU TROLLS...
... ENTRAÎNÉS À TRAVAILLER À UN RYTHME DE PRODUCTION EFFRÉNÉ.
CEPENDANT, LES BÉNÉFICES DANS L'INDUSTRIE DU DESSIN ANIMÉ ÉTANT EN BAISSE CETTE ANNÉE, JE NE POURRAI PAS VRAIMENT PAYER VOS TRAVAILLEURS.
NÉANMOINS JE SERAIS RAVI DE VOUS OFFRIR (À NÉGOCIER) UNE ANIMATION DE QUALITÉ POUR VOS PROCHAINS ÉPISODES ET ÉMISSIONS DE NOËL...
"... EN ÉCHANGE DES ELFES, GNOMES, LUTINS SUSCITÉS..."
HÉ ! J'AVAIS PAS FINI !
OH SI. DANS LA PILE DES MÉCHANTS !

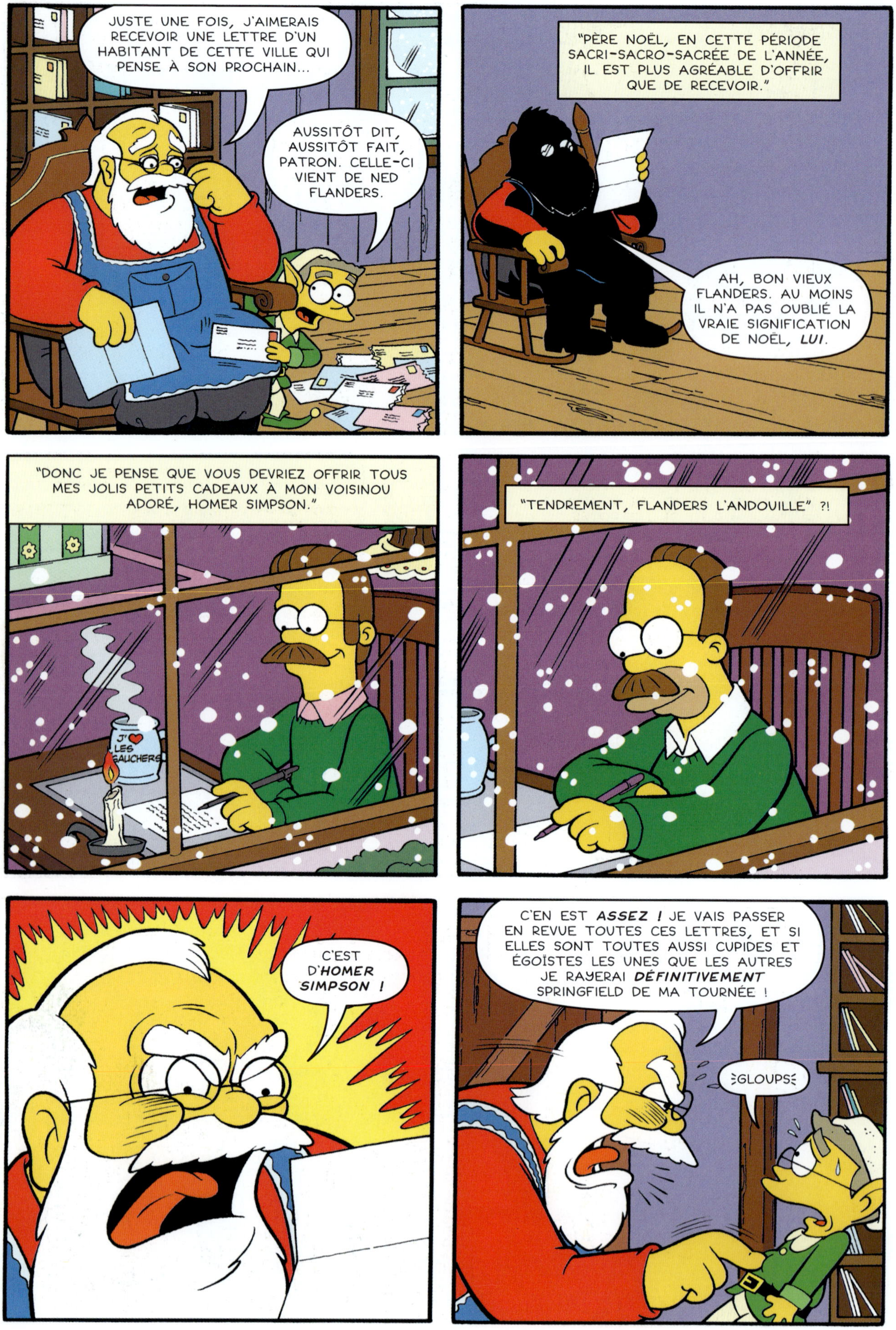

JUSTE UNE FOIS, J'AIMERAIS RECEVOIR UNE LETTRE D'UN HABITANT DE CETTE VILLE QUI PENSE À SON PROCHAIN...
AUSSITÔT DIT, AUSSITÔT FAIT, PATRON. CELLE-CI VIENT DE NED FLANDERS.
"PÈRE NOËL, EN CETTE PÉRIODE SACRI-SACRO-SACRÉE DE L'ANNÉE, IL EST PLUS AGRÉABLE D'OFFRIR QUE DE RECEVOIR."
AH, BON VIEUX FLANDERS. AU MOINS IL N'A PAS OUBLIÉ LA VRAIE SIGNIFICATION DE NOËL, *LUI*.
"DONC JE PENSE QUE VOUS DEVRIEZ OFFRIR TOUS MES JOLIS PETITS CADEAUX À MON VOISINOU ADORÉ, HOMER SIMPSON."
J'♥ LES GAUCHERS
"TENDREMENT, FLANDERS L'ANDOUILLE" ?!
C'EST D'**HOMER SIMPSON** !
C'EN EST **ASSEZ !** JE VAIS PASSER EN REVUE TOUTES CES LETTRES, ET SI ELLES SONT TOUTES AUSSI CUPIDES ET ÉGOÏSTES LES UNES QUE LES AUTRES JE RAYERAI ***DÉFINITIVEMENT*** SPRINGFIELD DE MA TOURNÉE !
GLOUPS

IL DOIT BIEN Y AVOIR UNE PERSONNE SENSÉE ET GÉNÉREUSE DANS CETTE VILLE.
"YO, MON POTE ! J'AIMERAIS UNE SUPER-NANA QUI SUPPORTERAIT MES MARATHONS DE 72 HEURES DE WARHAMMER !"
"CHER PÈRE NOËL, S'IL TE PLAÎT, APPORTE-MOI ASSEZ DE PUISSANCE DE FEU POUR QUE JE PUISSE ME VENGER DE MON TOCARD D'EX-PETIT AMI ET DE SES POTES DE WARHAMMER!"
"JE VEUX QUE TU LAISSES LES ŒUFS DE PÂQUES LÀ OÙ JE PEUX LES TROUVER."
OUIN !
"BIEN QUE JE NE VOUS AIE JAMAIS ÉCRIT AUPARAVANT, JE SAIS QUE VOUS ÊTES TRÈS GÉNÉREUX."
"DONC S'IL VOUS PLAÎT, APPORTEZ-MOI HUIT TRICYCLES, HUIT OURS EN PELUCHE, HUIT POUSSETTES, HUIT SIÈGES AUTO..."

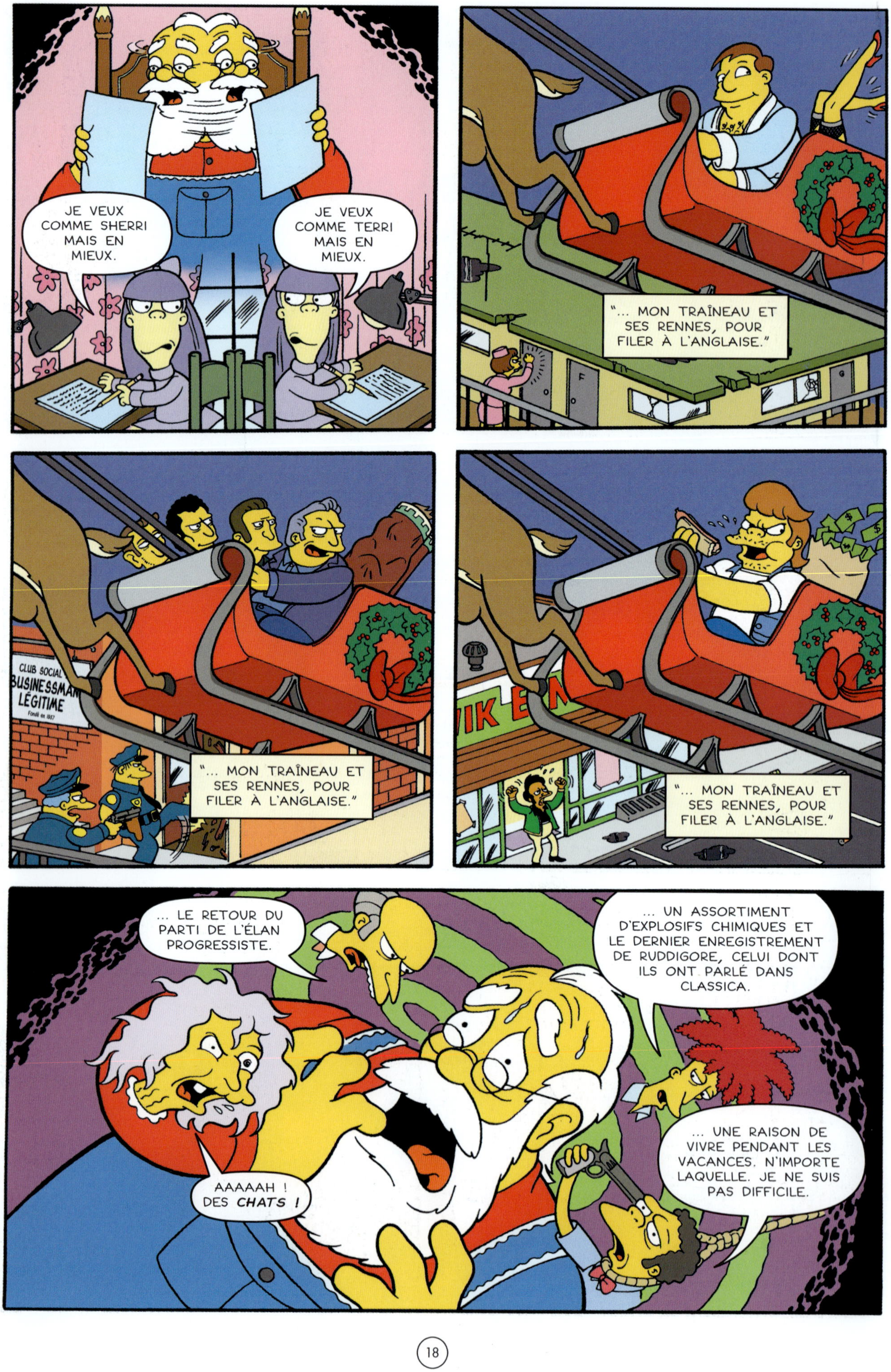

JE VEUX COMME SHERRI MAIS EN MIEUX.
JE VEUX COMME TERRI MAIS EN MIEUX.
"... MON TRAÎNEAU ET SES RENNES, POUR FILER À L'ANGLAISE."
CLUB SOCIAL BUSINESSMAN LÉGITIME
"... MON TRAÎNEAU ET SES RENNES, POUR FILER À L'ANGLAISE."
"... MON TRAÎNEAU ET SES RENNES, POUR FILER À L'ANGLAISE."
... LE RETOUR DU PARTI DE L'ÉLAN PROGRESSISTE.
... UN ASSORTIMENT D'EXPLOSIFS CHIMIQUES ET LE DERNIER ENREGISTREMENT DE RUDDIGORE, CELUI DONT ILS ONT PARLÉ DANS CLASSICA.
AAAAAH ! DES *CHATS* !
... UNE RAISON DE VIVRE PENDANT LES VACANCES. N'IMPORTE LAQUELLE. JE NE SUIS PAS DIFFICILE.

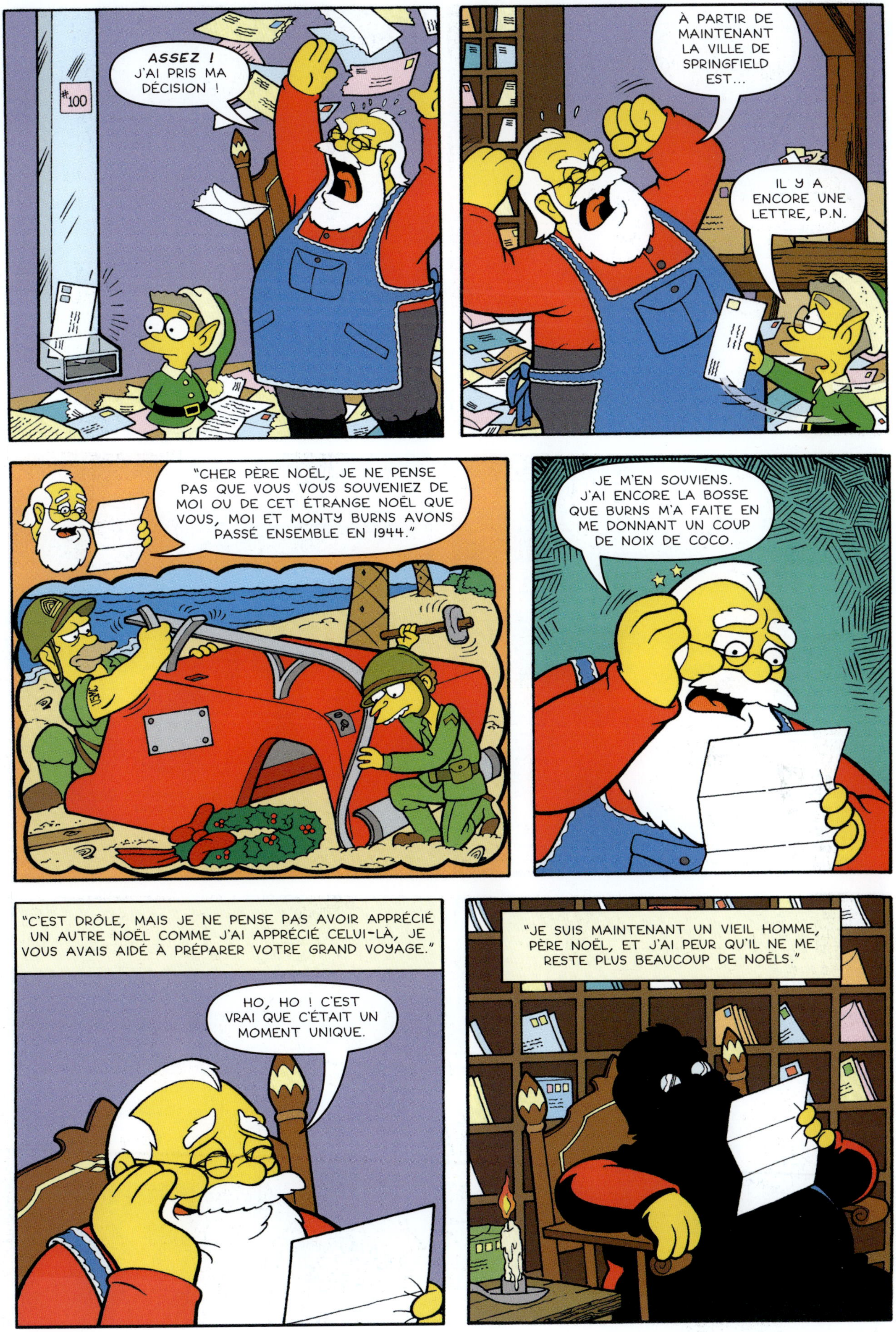

ASSEZ ! J'AI PRIS MA DÉCISION !
#100
À PARTIR DE MAINTENANT LA VILLE DE SPRINGFIELD EST...
IL Y A ENCORE UNE LETTRE, P.N.
"CHER PÈRE NOËL, JE NE PENSE PAS QUE VOUS VOUS SOUVENIEZ DE MOI OU DE CET ÉTRANGE NOËL QUE VOUS, MOI ET MONTY BURNS AVONS PASSÉ ENSEMBLE EN 1944."
JE M'EN SOUVIENS. J'AI ENCORE LA BOSSE QUE BURNS M'A FAITE EN ME DONNANT UN COUP DE NOIX DE COCO.
"C'EST DRÔLE, MAIS JE NE PENSE PAS AVOIR APPRÉCIÉ UN AUTRE NOËL COMME J'AI APPRÉCIÉ CELUI-LÀ, JE VOUS AVAIS AIDÉ À PRÉPARER VOTRE GRAND VOYAGE."
HO, HO ! C'EST VRAI QUE C'ÉTAIT UN MOMENT UNIQUE.
"JE SUIS MAINTENANT UN VIEIL HOMME, PÈRE NOËL, ET J'AI PEUR QU'IL NE ME RESTE PLUS BEAUCOUP DE NOËLS."

"SI JE POUVAIS FAIRE UN DERNIER VŒU POUR NOËL CE SERAIT DE VOUS AIDER ENCORE UNE FOIS DANS VOTRE MISSION ET APPORTER DU BONHEUR AU MONDE. EN FAIT, OUBLIEZ LE MONDE, JE ME CONTENTERAI DE MA PETITE VILLE DE SPRINGFIELD."
ABE SIMPSON !
TA LETTRE M'EST ALLÉE DROIT AU COEUR, CHER AMI !
VRAIMENT ?
HO, HO ! BIEN SÛR ! J'ALLAIS RAYER TA VILLE DE MA TOURNÉE, MAIS TA LETTRE M'A PROUVÉ QU'IL RESTAIT ENCORE UN PEU D'ESPRIT DE NOËL ICI À SPRINGFIELD.
JE VAIS EXAUCER TON VOEU ET TE LAISSER JOUER AU PÈRE NOËL POUR TOUS LES ENFANTS DE SPRINGFIELD AVEC CE SAC DE JOUETS !
EH BEN ÇA, POUR UNE SURPRISE !
BONNE NUIT...
JOYEUX NOËL, PÈRE NOËL SIMPSON ! HO, HO, HO !

MAIS QUI CELA POUVAIT-IL BIEN ÊTRE ?
M. SIMPSON ! QUE FAITES-VOUS DEHORS DANS LA NEIGE ?!
MON PETIT-FILS M'A APPELÉ POUR ME DIRE D'ATTENDRE ICI. MA FAMILLE VIENT ME CHERCHER. NOUS ALLONS CHANTER DES CHANTS DE NOËL, FAIRE DE LA LUGE ET BOIRE DES CHOCOLATS CHAUDS... !
N'IMPORTE QUOI ! RENTREZ IMMÉDIATEMENT !
AH AH AH AH ! PIGEON !
EXPÉDITEUR : ABE SIMPSON
FIN

ARIE KAPLAN SCÉNARIO — PHIL ORTIZ DESSIN — MIKE DECARLO ENCRAGE — NATHAN HAMILL COULEURS — THIERRY CASTILLO LETTRAGE — BILL MORRISON ÉDITEUR — CÉLINE PETITDIDIER ADAPTATION FRANÇAISE

DÈS LE LENDEMAIN...
OKAY, CHERS MEMBRES DE L'ÉQUIPE KRUSTY, JE SUIS VENU AVEC DEUX PROPOSITIONS POUR MA NOUVELLE MASCOTTE. J'AI BESOIN DE SAVOIR LAQUELLE EST LA MEILLEURE !
JE VOUS PRÉSENTE D'ABORD "CHRISTIAN LE COCHON CASHER DE HANOUKKA" ET LUI C'EST "DAMIEN, LE PIEUX HOMARD DE HANOUKKA"... QU'EST-CE QUE VOUS EN DITES ?
ALLEZ, LES BÉNI-OUI-OUI ! VOUS ALLEZ DIRE OUI ! POURQUOI VOUS NE ME DITES PAS QUE MES IDÉES SONT FORMIDABLES ?
KRUSTY, VOS DESSINS... ONT PROVOQUÉ CHEZ MOI DES ÉMOTIONS NOUVELLES. MAIS ILS MANQUENT DE...
DE CREVETTES ? PARCE QUE J'EN AI UNE AUTRE, "SCHLOMO, LA CREVETTE DE HANOUKKA."
NON, C'EST PAS ÇA, IL LEUR MANQUE UNE TOUCHE ENFANTINE !
UNE TOUCHE ENFANTINE, HEIN ?
HÉ, J'AI TROUVÉ ! JE VAIS RAMENER DE VRAIS ENFANTS POUR DESSINER LA MASCOTTE POUR MOI !

ALORS, LES ENFANTS, VOUS AVEZ ÉTÉ SÉLECTIONNÉS PARCE QUE VOUS REPRÉSENTEZ UN BON PANEL DE TÉLÉSPECTATEURS...
"LE SALE GOSSE"
"LE CHEF DE BANDE"
"LE CERVEAU"
"LE RINGARD"
JE CHERCHE DE L'OR DANS MES NARINES !
"LE TÉLÉSPECTATEUR MOYEN"
C'EST PARTI, FAITES-MOI UNE MASCOTTE DE HANOUKKA !
OUAIS !
BRAINSTORMING, PREMIÈRE ÉTAPE
... ET MOI JE DIS QUE LA MASCOTTE DOIT ÊTRE UN ÉLAN !
MOI, JE PRÉFÈRE LES ÉLANS AU CHOCOLAT !
MAIS... AÏE !... IL Y A DÉJÀ UN ÉLAN DE NOËL !
JE NE T'ENTENDS PAS, TU FAIS TROP DE BRUIT EN TE FRAPPANT !

BRAINSTORMING, ÉTAPE DEUX
ET POURQUOI PAS UNE RAIE MANTA ?
OU BIEN PÉGASE ?
OU UNE AGRAFEUSE ?
MOI, JE DIS QUE LA MASCOTTE DOIT ÊTRE UNE TORTUE.
UNE TORTUE ? POUAH ! ON VIENT DE LES ÉTUDIER EN SCIENCES. ELLES MUENT ET PERDENT LEUR PEAU MORTE ! ÇA RESSEMBLE À DE FINES FEUILLES DE PLASTIQUE MAIS EN FAIT C'EST JUSTE DES BRRR BOUTS DE *TORTUES !*
COOL !
MESSIEURS, JE N'AI PLUS RIEN À AJOUTER.
BRAINSTORMING, ÉTAPE TROIS
NON, BART, ON NE PEUT PAS L'APPELER "FACE DE CACA, LA TORTUE QUI DÉFÈQUE PARTOUT ET RENIFLE SES DÉJECTIONS."
FOUTU CSA.
LES NAGEOIRES DE LA TORTUE N'ONT QUE *TROIS* DOIGTS, ÇA FAIT FLIPPER !
C'EST ÇA, RALPH !

ON VA L'APPELER FLIPPER LA TORTUE ! QUI EST POUR ?
MOI !!!
BEAU TRAVAIL, RALPH !
JE SUIS UN EXPERT EN COMMUNICATION !!?
... ON L'A APPELÉE *FLIPPER, LA TORTUE DE HANOUKKA !*
BOF. C'EST BIZARRE. MAIS... VOUS ÊTES DES ENFANTS, ET LES ENFANTS DOIVENT SAVOIR CE QUE LES AUTRES ENFANTS ONT ENVIE DE VOIR.
NOUS TENONS UN GAGNANT ! DITES AU SERVICE ARTISTIQUE DE CONFECTIONNER UN COSTUME DE TORTUE IMMÉDIATEMENT !
OUAIS !!! ON A CRÉÉ LA MASCOTTE DE KRUSTY !
SIGNEZ CE CONTRAT STIPULANT QUE VOUS N'ÊTES *PAS* LES CRÉATEURS DE LA MASCOTTE DE KRUSTY, SVP.
CONTRAT

PLUS TARD...
CE SKETCH SUR MOÏSE EST NUL ! POURQUOI EST-CE QUE MES AUTEURS NE PEUVENT PAS PLAGIER DE **BONS** COMÉDIENS ? HEUREUSEMENT QUE NOUS AVONS FLIPPER LA TORTUE DE HANOUKKA !
EUH... À CE PROPOS, KRUSTY...
SCRIPT
... **VOICI** CE QU'A CONFECTIONNÉ LE SERVICE HABILLAGE.
QUOI ?!! TAHITI MEL, TU NE PEUX PAS ALLER SUR LA SCÈNE HABILLÉ COMME **ÇA !** C'EST COMME SI MILTON BERLE AVAIT VOMI SUR KERMIT LA GRENOUILLE !
J'TE L'FAIS PAS DIRE...
COMMENT AVEZ VOUS PU FAIRE UN COSTUME SI MOCHE ?
ON A SUIVI LE CROQUIS QUE VOUS NOUS AVIEZ DONNÉ.
QUEL CROQUIS ? C'ÉTAIT LE DESSIN D'UN ENFANT **DE DIX ANS !**
ALORS, KRUSTY, QU'EST-CE QUE JE FAIS ?
DONNE-MOI UNE MINUTE ET JE VAIS TROUVER UN MOYEN DE...
... GAGNER DU TEMPS...
OUUUUPS !
ZIP!

SORTIE
HAAAAAAAAA !
N'AYEZ PAS PEUR, LES ENFANTS ! JE SUIS VOTRE GENTIL DOUDOU, FLIPPER LA TORTUE DE HANOUKKA !
STUDIO 2
STUDIO KRUSTYLU
BON DIEU ! ⁝GLOUPS !⁝ C'EST UN MONSTRE !
SI TU CROISES SON REGARD, IL PEUT VOLER TON ÂME !
C'EST MOI QUI L'AI CRÉÉ, ET IL ME FAIT FLIPPER !
AH ! AH ! JE SUIS TERRORISÉ À VIE !
MA CULOTTE EST EN TRAIN DE DEVENIR HUMIDE !
C'EST VRAIMENT PAS BON.
DURANT LA DERNIÈRE HEURE, VOUS AVEZ REÇU SEPT CENT MILLE MAILS DE MENACES DE MORT, DES ASSIGNATIONS DES AVOCATS DE KERMIT LA GRENOUILLE ET DES AYANTS DROIT DE MILTON BERLE ET ON A TROUVÉ UNE TÊTE DE TORTUE DANS VOTRE LIT.
OH NON ! QU'EST-CE QUE JE VAIS FAIRE ??!
CLOWN
FRAMBOISES DES MAUVAIS JOURS
COOKIES ET DÉPRESSIONS
VOUS DEVEZ TROUVER UNE AUTRE MASCOTTE... ET VITE !

N'AYEZ PAS PEUR, LES ENFANTS ! JE SUIS VOTRE ADORABLE DOUDOU, FLIPPER LA TORTUE DE HANOUKKA !
KODOS ! LÂCHE CE STUPIDE TRAITEMENT CONTRE LE CANCER ET VIENS ICI ! C'EST IMPORTANT !
EST-CE... ? EST-CE POSSIBLE ?!?
OUI ! C'EST XARTHON 9, LE DIEU TOUT-PUISSANT DU FESTIVAL DE NOTRE SOLSTICE D'HIVER.
ET ON DIRAIT QU'IL A PERDU DU POIDS !
MAIS QUE FAIT LE GRAND ET PUISSANT XARTHON 9 SUR LA TERRE ?
JE NE SAIS PAS, MAIS IL FAUT Y ALLER POUR LE SALUER ET LUI OFFRIR UNE OFFRANDE ! QUELQUE CHOSE DE CLASSE !
D'ACCORD. VA CHERCHER LE MIXEUR QU'ON A REÇU POUR LA FÊTE DU PON FARR !

À L'AIDE ! MA FERMETURE EST COINCÉE ! JE SUIS RESTÉE DANS CE COSTUME PENDANT TROIS HEURES ET JE COMMENCE À SENTIR LE FROMAGE MOISI ! ALLÔ ? Y A QUELQU'UN ?
SUR LA TÊTE DE MC GRUFF, LE CHIEN POLICIER, OÙ ALLONS-NOUS TROUVER UNE AUTRE ADORABLE MASCOTTE ? C'EST PAS COMME SI UNE CRÉATURE FACILEMENT COMMERCIALISABLE ALLAIT APPARAÎTRE PAR MAGIE...
DES MONSTRES FLIPPANTS ? JE PENSAIS QU'AVEC LA FIN DES ANNÉES 60 JE N'EN VERRAIS PLUS JAMAIS !
STUPIDE HUMAIN, CONDUIS-NOUS À XARTHON 9 !
MAIS DE QUI VOUS PARLEZ, VOUS DEUX ?
LE VOILÀ !!! XARTHON 9 !
NOUS VOUS VÉNÉRONS, Ô XARTHON 9 ! ACCEPTEZ CE MIXEUR DESTINÉ À BROYER TOUS VOS ZORGS !
NOUS FERONS TOUT CE QUE VOUS VOULEZ, Ô MAÎTRE !
HEIN...
HUM... ILS FERONT TOUT CE QU'IL DIT ? ÇA ME DONNE UNE IDÉE...
KRUSTY STUDIO

ET DONC, LE SECOND SOIR DE HANOUKKA...
SALUT, LES ENFANTS ! MAINTENANT J'AI DEUX MASCOTTES DE HANOUKKA DANS MON ÉMISSION...

... MOÏSE ET MENDEL ! ET ILS NE SONT PAS À MOITIÉ AUSSI CHOQUANTS QUE FLIPPER !
MAIS KODOS, POURQUOI NOTRE DIEU VOUDRAIT NOUS RABAISSER DE CETTE FAÇON ?
OY GEVALT, KANG ! ARRÊTE DE TE PLAINDRE ! JE VAIS EXPLOSER AVEC TOUS LES SOUCIS QUE TU ME CAUSES !
MOÏSE
MENDEL
FIN

La Science-
CIDRE
REJOIGNEZ-NOUS DANS NOTRE TOURNÉE DE CHANTS DE NOËL REVISITÉS ET, J'OSE DIRE, BONIFIÉS PAR DES TEXTES DE SCIENCE-FICTION !
NOËL
LA NOUVELLE FRONTIÈRE
(SUR L'AIR DE "NOËL BLANC")
OH ! QUAND LES PHASEURS
LANCENT LEURS LASERS
KIRK ENGUEULE SON ÉQUIPAGE,
LES CHANTS DE GUERRE
KLINGONS SONT ENTONNÉS.
LES TRIBBLES S'ACCOUPLENT
DANS MON SOULIER !
OH ! TOUT LE MONDE SAIT QUE SCOTTY
BOIT TROP,
ET CHEKOV MET SULU K.O.
SPOCK EN A RAS LE BOL DE CE BAZAR
SANS QUEUE NI TÊTE
NOËL DANS L'UNIVERS STAR TREK !

…iction En Chanson ! ♪

(avec le vendeur de BD et les ringards)

LES GEEKS VONT FAIRE LA QUEUE
(SUR L'AIR DE "PETIT PAPA NOËL")

COUVERTURES BARIOLÉES
PROTÉGÉES PAR LEURS POCHETTES,
LÀ, UN NUMÉRO DE SANDMAN !
ICI, UN AUTRE DE SPIDER-MAN.

LES GEEKS SONT TOUS EN QUÊTE
POUR COMPLÉTER LEUR COLLEC'
ILS PARLENT TOUT EN FARFOUILLANT
DE THÉORIES SUR LES SUPER-MÉCHANTS.

LES GEEKS VONT FAIRE LA QUEUE.
AU DONJON TOUT EST POUR EUX.
CASH CASH, DU POGNON ILS
M'AMÈNENT JE POURRAI
REMPLIR MA BEDAINE !

LA COMPLAINTE DE LUKE
(SUR L'AIR DE "FELIZ NAVIDAD")

VADOR EST MON PÈRE ?!
MAIS C'EST UN PERVERS.
IL EST BALAFRÉ,
IL AIME TOUT EXPLOSER
IL M'A TRANCHÉ LA MAIN !

LEIA EST MA SOEUR ?!
ÇA, ÇA ME FAIT PEUR !
GEORGE AURAIT PU L'DIRE !
NOUS ÉVITER L'PIRE
PARTAGER UN BAISER,

JE VOUDRAIS UNE NOUVELLE VERSION
JE VOUDRAIS UNE NOUVELLE VERSION
JE VOUDRAIS UNE NOUVELLE VERSION
DE CE SCÉNAR DE SCIENCE-FICTION !

ET HAN CHOPE LA PRINCESSE ?!
LES EWOKS ME STRESSENT,
JE SUIS SEUL (BIEN SÛR),
MAIS J'AI LA FORCE PURE.
J'AI JUSTE ENVIE D'HURLER !

JE VOUDRAIS UNE NOUVELLE VERSION
JE VOUDRAIS UNE NOUVELLE VERSION
JE VOUDRAIS UNE NOUVELLE VERSION
DE CE SCÉNAR DE SCIENCE-FICTION !

TONY DIGEROLAMO SCÉNARIO — *CARLOS VALENTI* DESSIN — *STEVE STEERE JR.* ENCRAGE — *ROBERT STANLEY* COULEURS — *THIERRY CASTILLO* LETTRAGE — *BILL MORRISON* ÉDITEUR — *CÉLINE PETITDIDIER* ADAPTATION FRANÇAISE

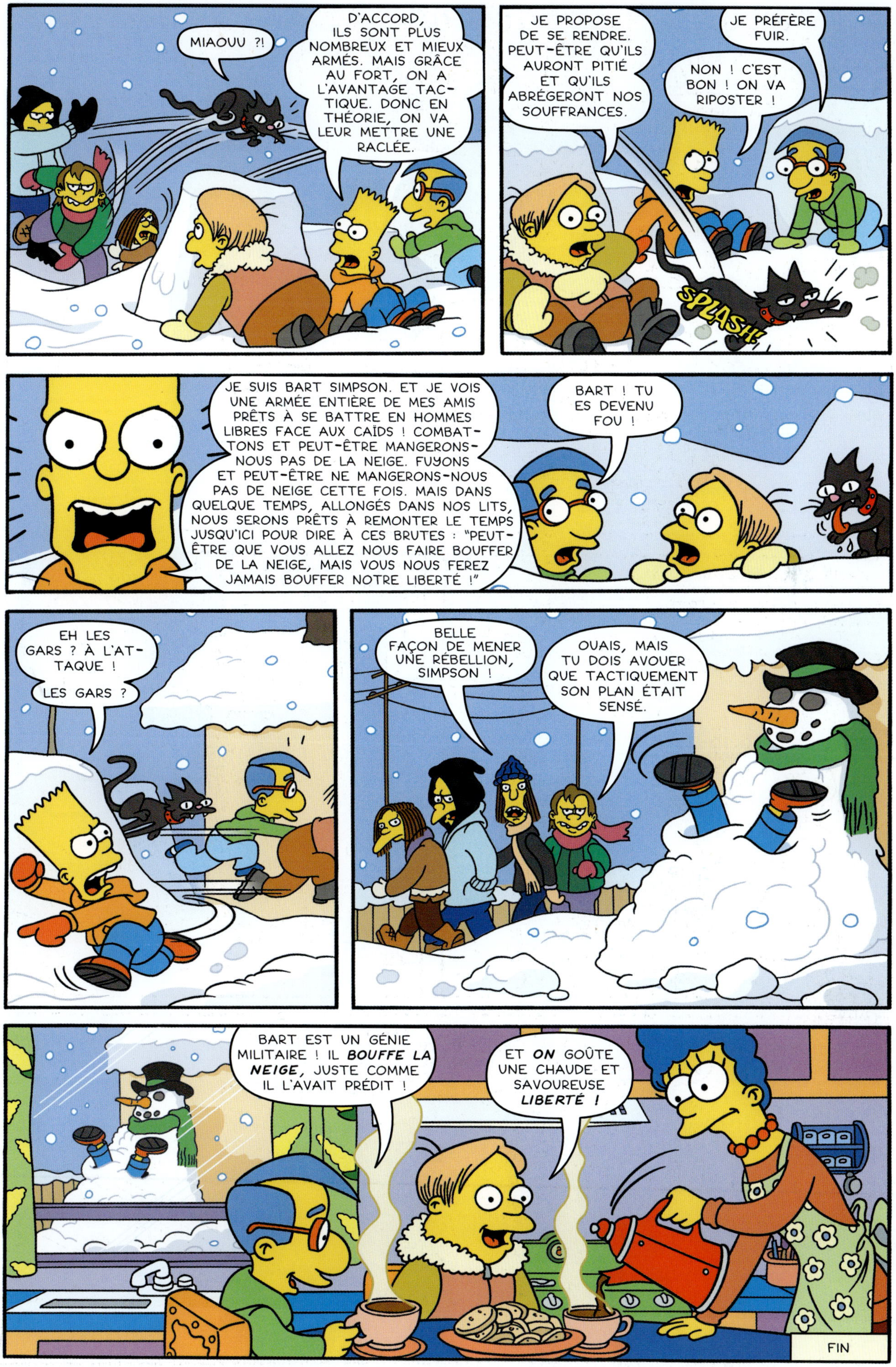
MIAOUU ?!
D'ACCORD, ILS SONT PLUS NOMBREUX ET MIEUX ARMÉS. MAIS GRÂCE AU FORT, ON A L'AVANTAGE TACTIQUE. DONC EN THÉORIE, ON VA LEUR METTRE UNE RACLÉE.
JE PROPOSE DE SE RENDRE. PEUT-ÊTRE QU'ILS AURONT PITIÉ ET QU'ILS ABRÉGERONT NOS SOUFFRANCES.
JE PRÉFÈRE FUIR.
NON ! C'EST BON ! ON VA RIPOSTER !
SPLASH!
JE SUIS BART SIMPSON. ET JE VOIS UNE ARMÉE ENTIÈRE DE MES AMIS PRÊTS À SE BATTRE EN HOMMES LIBRES FACE AUX CAÏDS ! COMBATTONS ET PEUT-ÊTRE MANGERONS-NOUS PAS DE LA NEIGE. FUYONS ET PEUT-ÊTRE NE MANGERONS-NOUS PAS DE NEIGE CETTE FOIS. MAIS DANS QUELQUE TEMPS, ALLONGÉS DANS NOS LITS, NOUS SERONS PRÊTS À REMONTER LE TEMPS JUSQU'ICI POUR DIRE À CES BRUTES : "PEUT-ÊTRE QUE VOUS ALLEZ NOUS FAIRE BOUFFER DE LA NEIGE, MAIS VOUS NOUS FEREZ JAMAIS BOUFFER NOTRE LIBERTÉ !"
BART ! TU ES DEVENU FOU !
EH LES GARS ? À L'ATTAQUE !
LES GARS ?
BELLE FAÇON DE MENER UNE RÉBELLION, SIMPSON !
OUAIS, MAIS TU DOIS AVOUER QUE TACTIQUEMENT SON PLAN ÉTAIT SENSÉ.
BART EST UN GÉNIE MILITAIRE ! IL BOUFFE LA NEIGE, JUSTE COMME IL L'AVAIT PRÉDIT !
ET ON GOÛTE UNE CHAUDE ET SAVOUREUSE LIBERTÉ !
FIN

MINI-MARCHÉ
les Bonnes Affaires de Noël
ACHETEZ DE LA GLACE !
GLACE
C'est de saison !
IDÉE !
BD SANS COUVERTURE
PARFAIT POUR VOS PAPIERS CADEAUX !
AU CHOIX
12 € LA LIASSE !
DONUTS DE NOËL !
FRAIS (-chement resaupoudrés)
PACK SPÉCIAL DU PÈRE NOËL
PROMO !
Duff
DUFF
BOUTTEILLES
ACHETEZ 2 PACKS DE BIÈRE DUFF, ET VOUS EN AUREZ 2 AUTRES AU MÊME PRIX !
NOUVEAU !
Squishee de
NOËL
à la cerise !
SQUISH
24 02
Rien à voir avec le squishee à la cerise classique !

POUR LE PLAISIR DES GOSSES
Viande de Renne séchée !
Krusty
RENNE
Séché
NOUVEAU
PRENEZ CES BANDES DESSINÉES ET GLISSEZ-LES... DANS VOTRE HOTTE !
MAIS S'IL VOUS PLAÎT PAS DANS VOS PANTALONS (CHAPARDEURS, C'EST À VOUS QUE JE M'ADRESSE !)
BANDES DESSINÉES
BANDES DESSINÉES
ENFANTS !
Volez comme un renne
(et rebondissez contre les murs)
avec
BUZZ
Cola!
BUZZ
POUR ADULTES
MAGAZINES COQUINS AVEC FEMMES À POIL !
Girlie
Rien à voir avec l'esprit de Noël, mais on en a !
Photos avec le Père Noël – 20€ !
Merci
REVENEZ NOUS VOIR !

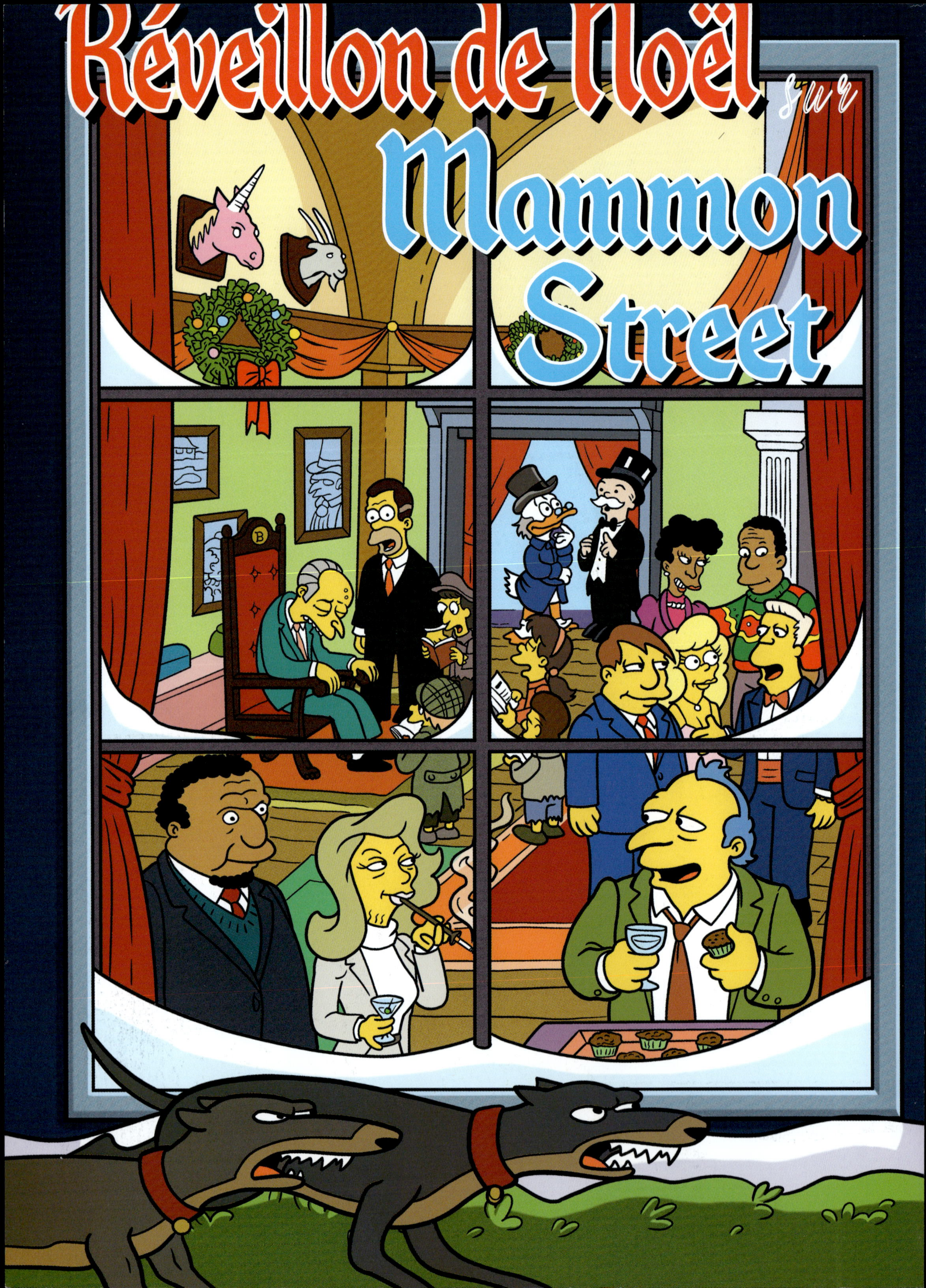
Réveillon de Noël sur
Mammon Street

CHUCK DIXON	*MARCOS ASPREC*	*PHYLLIS NOVIN*	*ROBERT STANLEY*	*THIERRY CASTILLO*	*BILL MORRISON*	*CÉLINE PETITDIDIER*
SCÉNARIO	DESSIN	ENCRAGE	COULEURS	LETTRAGE	ÉDITEUR	ADAPTATION FRANÇAISE

TOUT COMMENÇA À LA FIN D'UNE FABULEUSE JOURNÉE DE NOËL.
TOUS LES CADEAUX AVAIENT ÉTÉ OUVERTS ET LE DÎNER DE NOËL N'ÉTAIT PLUS QU'UN LOINTAIN SOUVENIR.
PRESQUE TOUTES LES TRADITIONS DE NOËL AVAIENT ÉTÉ RESPECTÉES.
SORS D'ICI !
ET JOYEUX NOËL !
BONNE NUIT, MAMAN.
AU LIT, LES MARMOTTES.
À PLUS.
QUEL MAGNIFIQUE NOËL.
OUAIS. DOMMAGE QUE CE SOIT DÉJÀ FINI.
LISA A RAISON.
CE SERAIT COOL SI C'ÉTAIT NOËL TOUS LES JOURS.
C'EST POSSIBLE !
VOUS ÊTES QUI VOUS ?

JE SUIS UN **ANGE DE NOËL,** BART.
WHAOU ! J'AVAIS **JAMAIS** VU UNE FÉE DE NOËL !
UN **ANGE,** BART. UN **ANGE** DE NOËL. JE SUIS LÀ POUR EXAUCER LES VOEUX DES ENFANTS...
COMME DANS "LA NUIT OÙ ON ARRÊTA LE PÈRE NOËL" ?
NON...
"LA VILLE QUI A BANNI NOËL" ?
NON...
"RÉVEILLON POUR UNE ATHÉE" ?
NON !
RIEN DE TOUT ÇA.
JE SUIS LÀ POUR **TOI,** BART. POUR EXAUCER **TON** VOEU LE PLUS CHER.
UNE **TRONÇONNEUSE ?**
LE VOEU ! QUE CE SOIT **NOËL** TOUS LES JOURS.
VRAIMENT ?
TROP COOL, TROP COOL... !

MAINTENANT, REPOSE TA TÊTE SUR L'OREILLER ET FAIS DE SPLENDIDES RÊVES DE NOËL.
QUAND TU TE RÉVEILLERAS, CE SERA À NOUVEAU LE JOUR DE NOËL... POUR L'ÉTERNITÉ !
JOYEUX NOËL, PETITE FÉE.
ANGE !
LE LENDEMAIN MATIN...
QUEL ÉTRANGE RÊVE !
J'AI FAIT UN RÊVE TROP BIZARRE, LISA. J'AI RÊVÉ QUE C'ÉTAIT ENCORE LE JOUR DE NOËL AUJOURD'HUI.
MAIS ON EST LE JOUR DE NOËL, BART.
QUOI ?
C'EST NOËL.
PAS D'ÉCOLE ?
OUI.
DES CADEAUX ?
OUI !
POURQUOI T'EN FAIS TOUTE UNE HISTOIRE ?
YOUHOU !

HEIN ?
CETTE FÉE EST UNE ARNAQUE !
QUI VEUT DE LA TOURTE À LA DINDE ?
UN ANGE M'A DIT QU'IL ALLAIT EXAUCER MON VOEU ET QUE CE SERAIT NOËL TOUS LES JOURS !
... MAIS C'EST NOËL TOUS LES JOURS, BART.
MAIS C'EST N'IMPORTE QUOI !
C'EST LE MÊME NOËL QUI RECOMMENCE, ET PAS UN NOUVEAU NOËL.
ET J'AI MODIFIÉ LA RÉALITÉ POUR TOUJOURS.
BON.
AU MOINS JE N'AI PAS ÉCOLE.
TOUT LE MONDE SE PRÉPARE POUR LA MESSE.
D'OH !

MAIS BART ALLAIT BIENTÔT DÉCOUVRIR QU'IL N'ÉTAIT PAS LA SEULE DINDE DE LA FARCE...
JOYEUX RE-NOËL, MONSIEUR FLANDERS.
ET HEUREUSE RE-NAISSANCE DE JÉSUS, BART.
CE SERAIT **PLUS JOYEUX** SI JE NE DEVAIS PAS DÉBLAYER LA MÊME NEIGE DE MON ALLÉE TOUS LES JOURS.
DOMMAGE QUE VOUS N'AYEZ PAS UNE BONNE **FÉE** !
CE SERAIT TIP TOP.
TU NE PASSES PAS UN BON NOËL, MILHOUSE ?
MA MÈRE ET MON PÈRE SE DISPUTENT POUR SAVOIR QUI ME **GARDERA** À NOËL.
J'AI UN **RENDEZ-VOUS GALANT** !
J'AVAIS PRÉVU DE ME **SAOULER** !
C'EST COMME ÇA **CHAQUE** NOËL.
C'EST-À-DIRE CHAQUE **JOUR**.
ON PEUT ALLER JOUER CHEZ **TOI**, BART ?
ENCORE UNE CONSÉQUENCE ACCIDENTELLE DE MON VOEU DE NOËL.
MAIS JE SUIS SÛR QUE C'EST LA **DERNIÈRE**.
Springfield à la une
FINIES LES SOLDES D'APRES NOEL PANIQUE AU CANADA ET EN ANGLETERRE

NOËL... SEPTIÈME JOUR...
BIENVENUE AU FESTIVAL DE NOËL DE KRUSTY.
HÉ, HÉ, HÉ...
ON A PLEIN DE BONS VOEUX DANS NOTRE HOTTE POUR VOUS, LES ENFANTS !
M'ENFIN, APRÈS CETTE SEMAINE DE FOLIE, IL NE NOUS RESTE PLUS QU'À NOUS SOUHAITER BON VENT.
HÉ, HOMER... TU CROIS QUE TU POURRAIS DÉBLAYER L'ALLÉE ?
J'AI PAS LE DROIT À UNE PAUSE ? C'EST NOËL, MARGE.
POUAH ! IL Y A DES CROTTES DE RENNES PARTOUT.
C'EST TOUJOURS NOËL.
DES CONGÉS PAYÉS TOUS LES JOURS. C'EST PAS MERVEILLEUX ?
"CES CONGÉS FORCÉS NOUS CONDUISENT À LA FAILLITE, MONSIEUR."
CENTRALE NUCLÉAIRE DE SPRINGFIELD
PARBLEU, LES CHIFFRES NE MENTENT PAS, SMITHERS.
JE VAIS RENVOYER CETTE BANDE DE FAINÉANTS AMATEURS DE LUGE !

NOËL... DIXIÈME JOUR...
ON CONTINUE DANS NOTRE PROGRAMMATION SPÉCIALE CHANTS DE NOËL.
MAIS AVANT D'ÉCOUTER POUR LA MILLIÈME FOIS "TWIST EN LAPONIE"...
BONNES VACANCES
KBBL
"... RETROUVONS ARNIE PIE POUR LES DERNIÈRES INFORMATIONS VUES DU CIEL."
RIEN N'A CHANGÉ, MARTY. LE TRAFIC EST FLUIDE, COMME D'HABITUDE.
ET LA MANIFESTATION DEVANT LES STUDIOS DE KBBL EN EST À SON CINQUIÈME JOUR.
VOUS CROYEZ, LES MECS, QUE VOUS POURRIEZ CHANGER LA PROGRAMMATION ?
KBBL RADIO
"MÊME DU DISCO CALMERAIT CETTE FOULE."
C'EST PAS POSSIBLE, ARNIE. C'EST LE RÉSEAU QUI DÉCIDE DE LA PROGRAMMATION.
NOUS POUVONS PRENDRE UN AUDITEUR AU TÉLÉPHONE... APU EN DIRECT DE SPRINGFIELD, COMMENT ÇA SE PASSE SOUS LE SAPIN ?
TEL LE PETIT PAPA KRISHNA, JE NE SAIS PAS OÙ DONNER DE LA TÊTE, BILL !
POUR UN HINDOU, LE 25 DÉCEMBRE EST UN JOUR COMME LES AUTRES.
"... ET LES SEULS MAGASINS OUVERTS EN VILLE SONT LE MINI-MARCHÉ ET LE MENOR-AH-RAMA DE MARV."
DONUTS
SQUISHE

NOËL... ONZIÈME JOUR...
JOYEUX...
DING!
DING!
DIS-LE ET TU ES UN PÈRE NOËL MORT, PÈRE NOËL.
NOËL... TREIZIÈME JOUR...
... ET TOUJOURS PAS DE TREIZIÈME MOIS POUR GIL !
NOËL... SEIZIÈME JOUR...
QUAND EST-CE QUE TU RETOURNES TRAVAILLER, SEYMOUR ?
APPAREMMENT JAMAIS, MÈRE.
NOËL... DIX-HUITIÈME JOUR...
NOËL... VINGTIÈME JOUR...
BEURK. PLUS DE BIÈRE ET MAINTE-NANT ÇA.
C'EST QUOI, CE QU'ON BOIT, MOE ?
DU SIROP POUR LA TOUX.

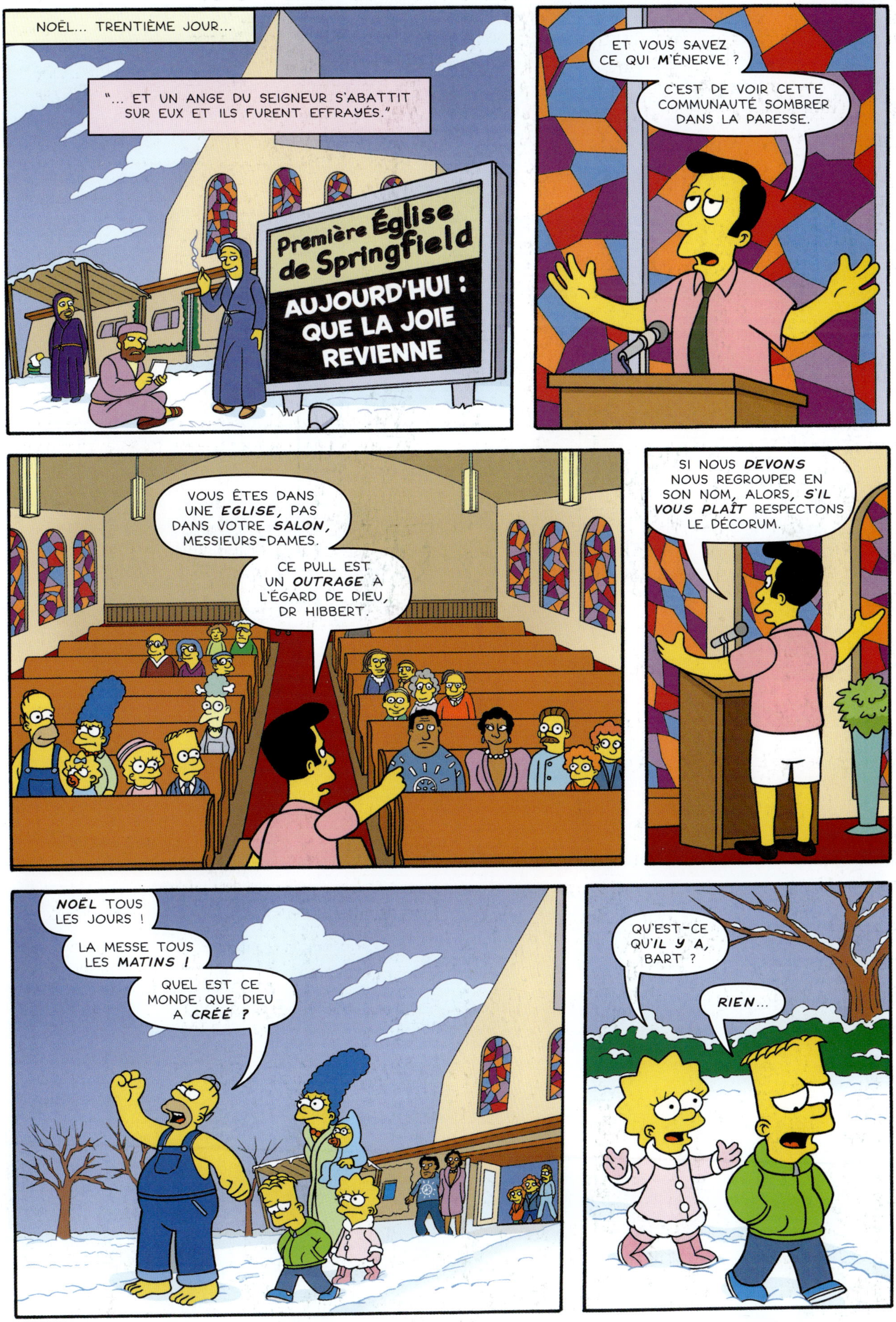
NOËL... TRENTIÈME JOUR...
"... ET UN ANGE DU SEIGNEUR S'ABATTIT SUR EUX ET ILS FURENT EFFRAYÉS."
Première Église de Springfield
AUJOURD'HUI : QUE LA JOIE REVIENNE
ET VOUS SAVEZ CE QUI M'ÉNERVE ?
C'EST DE VOIR CETTE COMMUNAUTÉ SOMBRER DANS LA PARESSE.
VOUS ÊTES DANS UNE EGLISE, PAS DANS VOTRE SALON, MESSIEURS-DAMES.
CE PULL EST UN OUTRAGE À L'ÉGARD DE DIEU, DR HIBBERT.
SI NOUS DEVONS NOUS REGROUPER EN SON NOM, ALORS, S'IL VOUS PLAÎT RESPECTONS LE DÉCORUM.
NOËL TOUS LES JOURS !
LA MESSE TOUS LES MATINS !
QUEL EST CE MONDE QUE DIEU A CRÉÉ ?
QU'EST-CE QU'IL Y A, BART ?
RIEN...

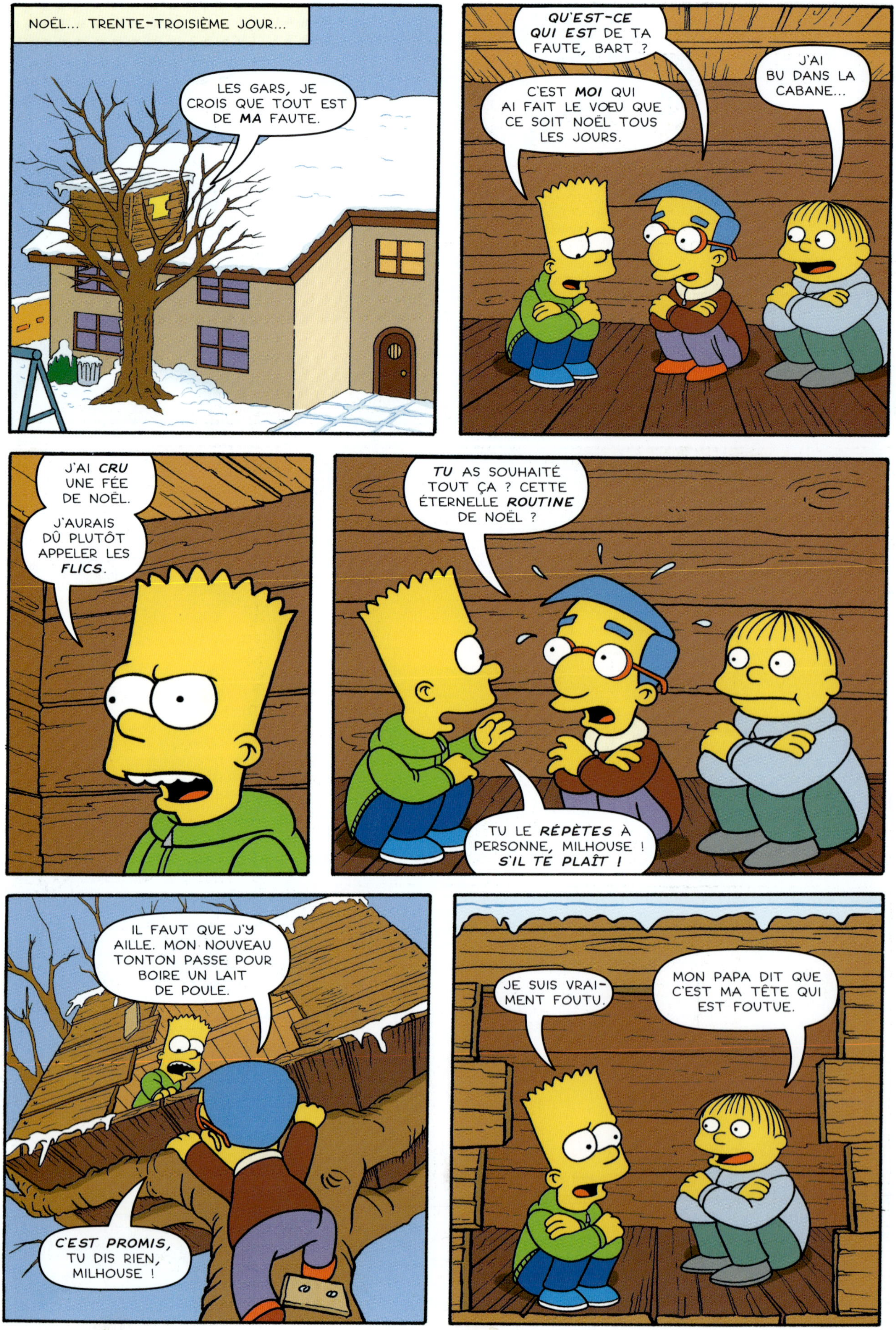
NOËL... TRENTE-TROISIÈME JOUR...
LES GARS, JE CROIS QUE TOUT EST DE **MA** FAUTE.
QU'EST-CE QUI EST DE TA FAUTE, BART ?
C'EST **MOI** QUI AI FAIT LE VOEU QUE CE SOIT NOËL TOUS LES JOURS.
J'AI BU DANS LA CABANE...
J'AI **CRU** UNE FÉE DE NOËL.
J'AURAIS DÛ PLUTÔT APPELER LES **FLICS**.
TU AS SOUHAITÉ TOUT ÇA ? CETTE ÉTERNELLE **ROUTINE** DE NOËL ?
TU LE **RÉPÈTES** À PERSONNE, MILHOUSE ! **S'IL TE PLAÎT !**
IL FAUT QUE J'Y AILLE. MON NOUVEAU TONTON PASSE POUR BOIRE UN LAIT DE POULE.
C'EST PROMIS, TU DIS RIEN, MILHOUSE !
JE SUIS VRAIMENT FOUTU.
MON PAPA DIT QUE C'EST MA TÊTE QUI EST FOUTUE.

PUIS, LE TEMPS QU'UNE FOULE EN COLÈRE SE FORME...
BART ! BART ! BART !
PLUS DE PAYE !
PLUS DE COURRIER !
PLUS DE CIGARETTES NI D'ALCOOL !
C'EST PIRE QUE D'HABITUDE.
C'EST DE LOIN LA FOULE LA PLUS NOMBREUSE ET LA PLUS FURIEUSE QUE J'AIE JAMAIS VUE...
CRAC !
OH !
ILS VEULENT TUER NOTRE PETIT GARÇON !
ET LE CLAFOUTIS EST RASSIS.
C'EST L'HEURE D'AFFRONTER LA CHORALE, LES AMIS.
BART !
NON !

C'EST **MOI** QUE VOUS VOULEZ !
NE DÉVERSEZ PAS VOTRE **COLÈRE** SUR MA FAMILLE !
MAIS C'EST JUSTE UN **ENFANT** !
ON A JUSTE À VISER **PLUS BAS**.
FIN DES NOËLS MAINTENANT !!
NON ! ÉCOUTONS CE QU'IL A À NOUS **DIRE** !
JE VOULAIS JUSTE QUE LA JOIE DE NOËL DURE **PLUS** QU'UNE SEULE JOURNÉE.
JE NE PENSAIS PAS QUE ÇA TOURNERAIT EN ÉPISODE DE LA **QUATRIÈME DIMENSION**.
BART DIT LA **VÉRITÉ**.
SON VŒU N'ÉTAIT QUE LE **SIMPLE** DÉSIR D'UN **ENFANT** INNOCENT.
C'EST **LUI** ! **C'EST** LE MONSTRE QUI EST À L'ORIGINE DE TOUT ÇA !

WHAOU, UNE FÉE DE NOËL !
JE SUIS UN ANGE. ET JE SUIS MARIÉ, OKAY ?
REGARDEZ AU FOND DE VOS CŒURS, HABITANTS DE SPRINGFIELD.
LES SEMAINES PASSÉES ONT-ELLES ÉTÉ SI TERRIBLES ? SI TEL EST LE CAS, C'EST PARCE QUE VOUS N'AVEZ PAS SU APPRÉCIER L'ESPRIT DE NOËL.
IMAGINEZ UN INSTANT UN MONDE SANS NOËL.
OUAIS...
LAS VEGAS...
ET MAINTENANT QUE VOUS AVEZ TOUS RETENU LA LEÇON...
... JE VAIS INVERSER LE VŒU ET DEMAIN NOUS SERONS LE 26 DÉCEMBRE !
PAS SI VITE, L'ANGELOT.
OUILLE !

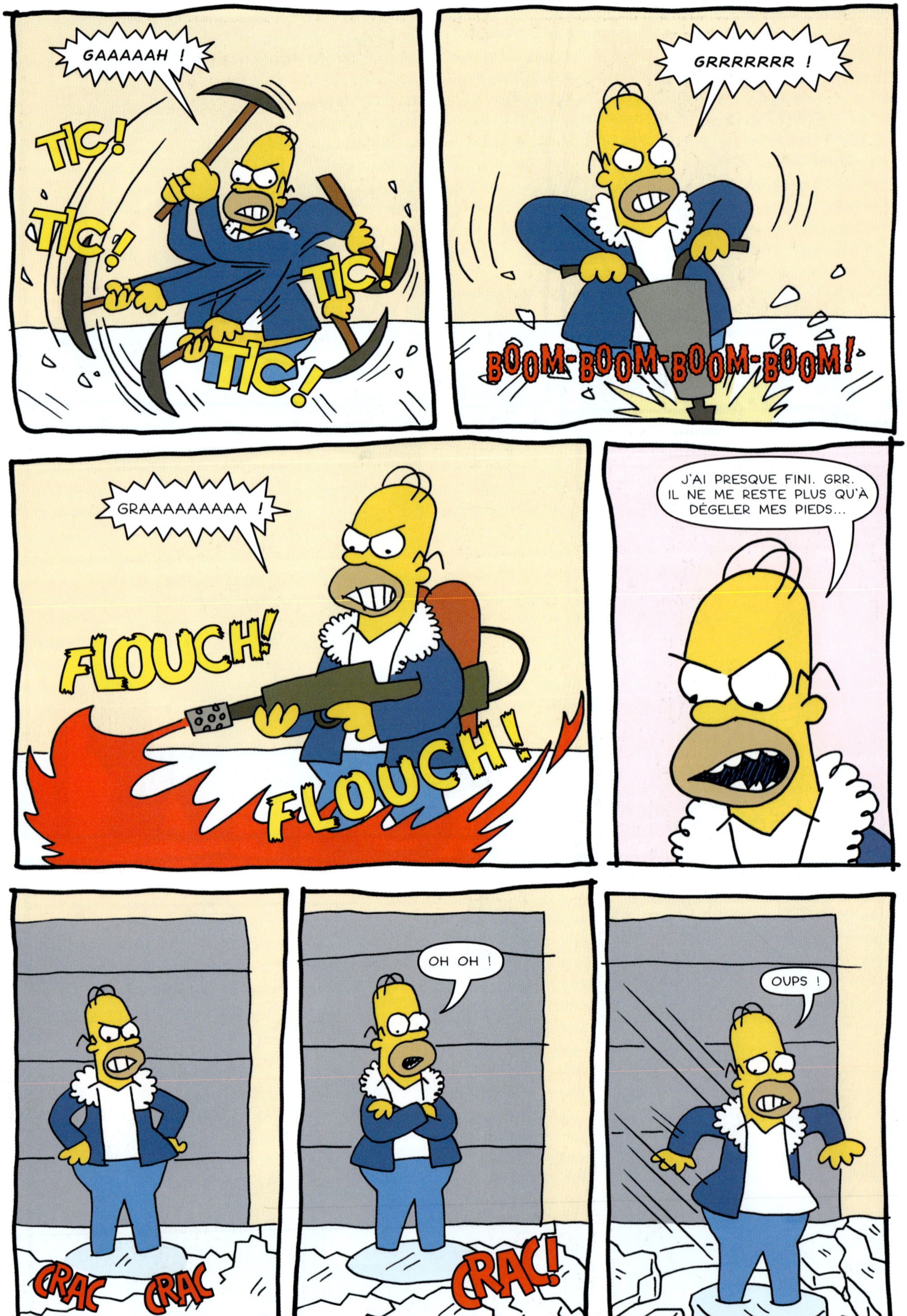
GAAAAAH !
TIC!
TIC!
TIC!
TIC!
GRRRRRRR !
BOOM-BOOM-BOOM-BOOM!
GRAAAAAAAAAA !
FLOUCH!
FLOUCH!
J'AI PRESQUE FINI. GRR. IL NE ME RESTE PLUS QU'À DÉGELER MES PIEDS...
CRAC CRAC
OH OH !
CRAC!
OUPS !

NONNNN !
WAAAAAH !
Journée de Jebediah
Un Esprit Valeureux Anoblit Le plus Petit des Hommes
MAIRE
NOUS SOMMES ICI AUJOURD'HUI, EUH... POUR HONORER LA MÉMOIRE DU FONDATEUR DE NOTRE VILLE, EN CETTE JOURNÉE...
MMMPHFL... HMMMB !
OH MON DIEU ! CETTE ÉNORME BOULE DE NEIGE SE... EUH... DIRIGE DIRECTEMENT SUR NOUS !
Journée de Jebediah

JourneE dE JebeDiah
UN ESPRIT VALEUREUX ANOBLIT LE PLUS PETIT DES HOMMES
COMME DIT LA STATUE, "UN ESPRIT ENNEIGÉ ANOBLIT LE PLUS PETIT DES DISCOURS !"
HA HA HA !
OUPS !
SALE PETIT... ! JE VAIS T'ANOBLIR !
AÏE !
FIN

ITCHY & SCRATCHY
dans
LE CADEAU QUI N'EN FINISSAIT PLUS
U
JOYEUX HANOUKKA, SCRATCHY !
OOH, MERCI !
TIC TIC TIC
BOOMSHHY
OH ! GEVALT !
HA HA !
DE L'EAU !
HA HA HA !
SPLASHHH
AAAAH !
PFHPHHHHH
AÏÏÏEEEE !
HI HI HI !
HUILE MIRACULEUSE EFFET LONGUE DURÉE
8 Jours Plus Tard
ÇA BRÛLE ENCORE...
YOU OUH !
HUILE MIRACULEUSE EFFET LONGUE DURÉE

SARAH DYER & EVAN DORKIN SCÉNARIO — JOHN COSTANZA DESSIN — PHYLLIS NOVIN ENCRAGE — ART VILLANUEVA COULEURS — THIERRY CASTILLO LETTRAGE — BILL MORRISON ÉDITEUR — CÉLINE PETITDIDIER ADAPTATION FRANÇAIS

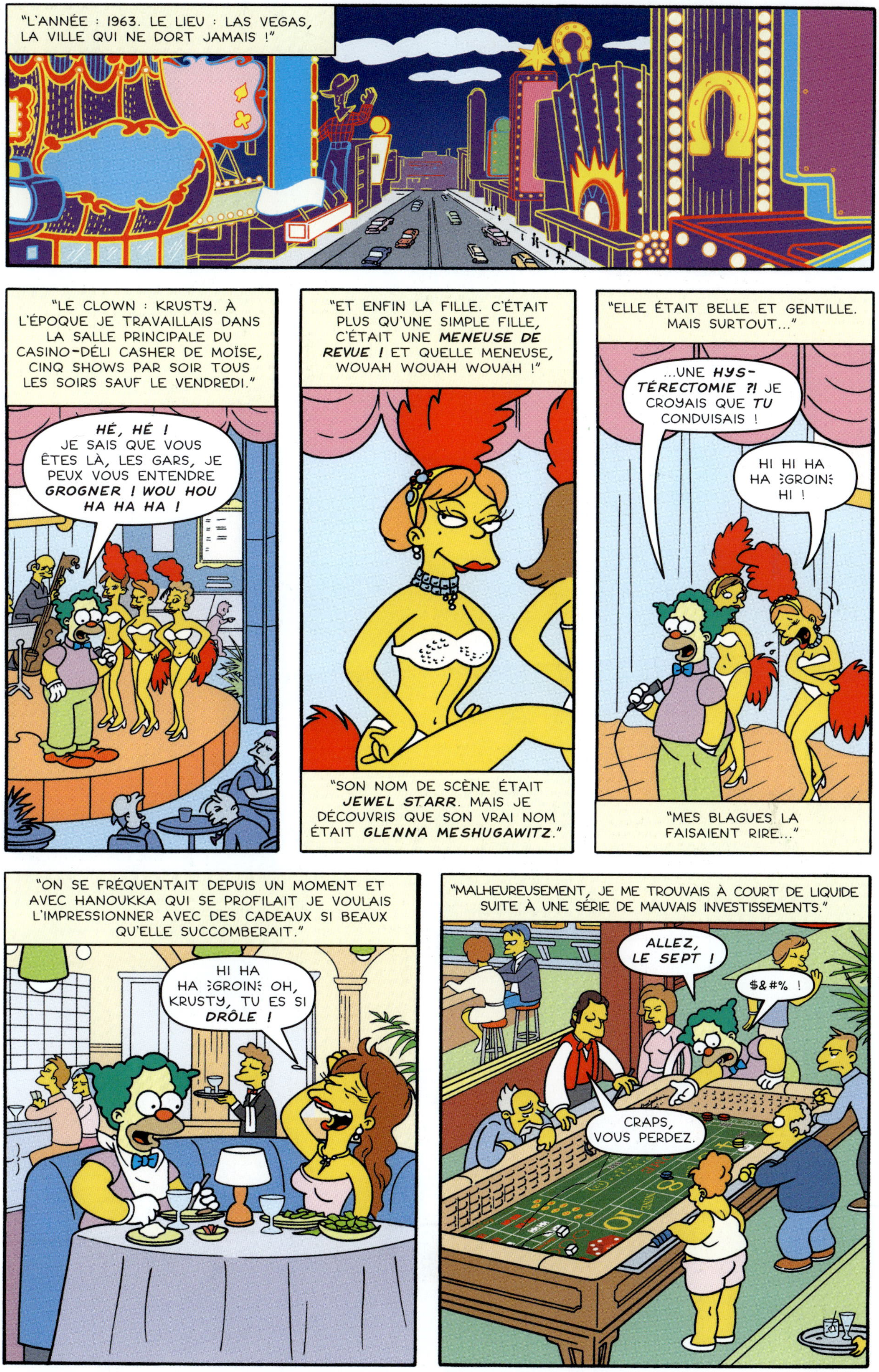
"L'ANNÉE : 1963. LE LIEU : LAS VEGAS, LA VILLE QUI NE DORT JAMAIS !"
"LE CLOWN : KRUSTY. À L'ÉPOQUE JE TRAVAILLAIS DANS LA SALLE PRINCIPALE DU CASINO-DÉLI CASHER DE MOÏSE, CINQ SHOWS PAR SOIR TOUS LES SOIRS SAUF LE VENDREDI."
HÉ, HÉ ! JE SAIS QUE VOUS ÊTES LÀ, LES GARS, JE PEUX VOUS ENTENDRE GROGNER ! WOU HOU HA HA HA !
"ET ENFIN LA FILLE. C'ÉTAIT PLUS QU'UNE SIMPLE FILLE, C'ÉTAIT UNE MENEUSE DE REVUE ! ET QUELLE MENEUSE, WOUAH WOUAH WOUAH !"
"SON NOM DE SCÈNE ÉTAIT JEWEL STARR. MAIS JE DÉCOUVRIS QUE SON VRAI NOM ÉTAIT GLENNA MESHUGAWITZ."
"ELLE ÉTAIT BELLE ET GENTILLE. MAIS SURTOUT..."
...UNE HYS-TÉRECTOMIE ?! JE CROYAIS QUE TU CONDUISAIS !
HI HI HA HA ⸗GROIN⸗ HI !
"MES BLAGUES LA FAISAIENT RIRE..."
"ON SE FRÉQUENTAIT DEPUIS UN MOMENT ET AVEC HANOUKKA QUI SE PROFILAIT JE VOULAIS L'IMPRESSIONNER AVEC DES CADEAUX SI BEAUX QU'ELLE SUCCOMBERAIT."
HI HA HA ⸗GROIN⸗ OH, KRUSTY, TU ES SI DRÔLE !
"MALHEUREUSEMENT, JE ME TROUVAIS À COURT DE LIQUIDE SUITE À UNE SÉRIE DE MAUVAIS INVESTISSEMENTS."
ALLEZ, LE SEPT !
$&#% !
CRAPS, VOUS PERDEZ.

"POUR LA PREMIÈRE SOIRÉE DE HANOUKKA, JE VOULAIS LUI ACHETER UN JOLI TRUC DE FILLE POUR LES CHEVEUX. MAIS JE NE POUVAIS ME LE PERMETTRE."
"MAIS ALORS, J'AI EU UNE IDÉE. UNE IDÉE DE DERNIÈRE MINUTE, POURRIEZ-VOUS DIRE."
JOYEUX HANOUKKA !
OH ! SUPER. UNE CHAÎNE DE MONTRE.
POUR TA MONTRE DE SCÈNE. TU TE PLAINS TOUJOURS DE NE PAS EN AVOIR UNE.
OUAIS BIEN SÛR. JE SAIS...
ÇA ALORS... UN PEIGNE
BIEN OUI, TU SAIS, POUR TA LONGUE ET SUPERBE CRINIÈRE !
OUAIS, JE SAIS.
KRUSTY... IL FAUT QUE JE TE DISE QUELQUE CHOSE. J'AI VENDU MES CHEVEUX À UN PERRUQUIER POUR AVOIR DE L'ARGENT POUR T'OFFRIR CETTE CHAÎNE.
AÏE ! TU NE VAS PAS ME CROIRE MAIS J'AI VENDU MA MONTRE À UN PRÊTEUR SUR GAGES POUR T'OFFRIR CE PEIGNE !
WHA HA HA ! WHAOUH ! ON DIRAIT UNE HISTOIRE DE POE !
HI HI ! PAS VRAIMENT ! CAR NOUS N'AVONS PAS DE POT !
HEU... OUAIS.

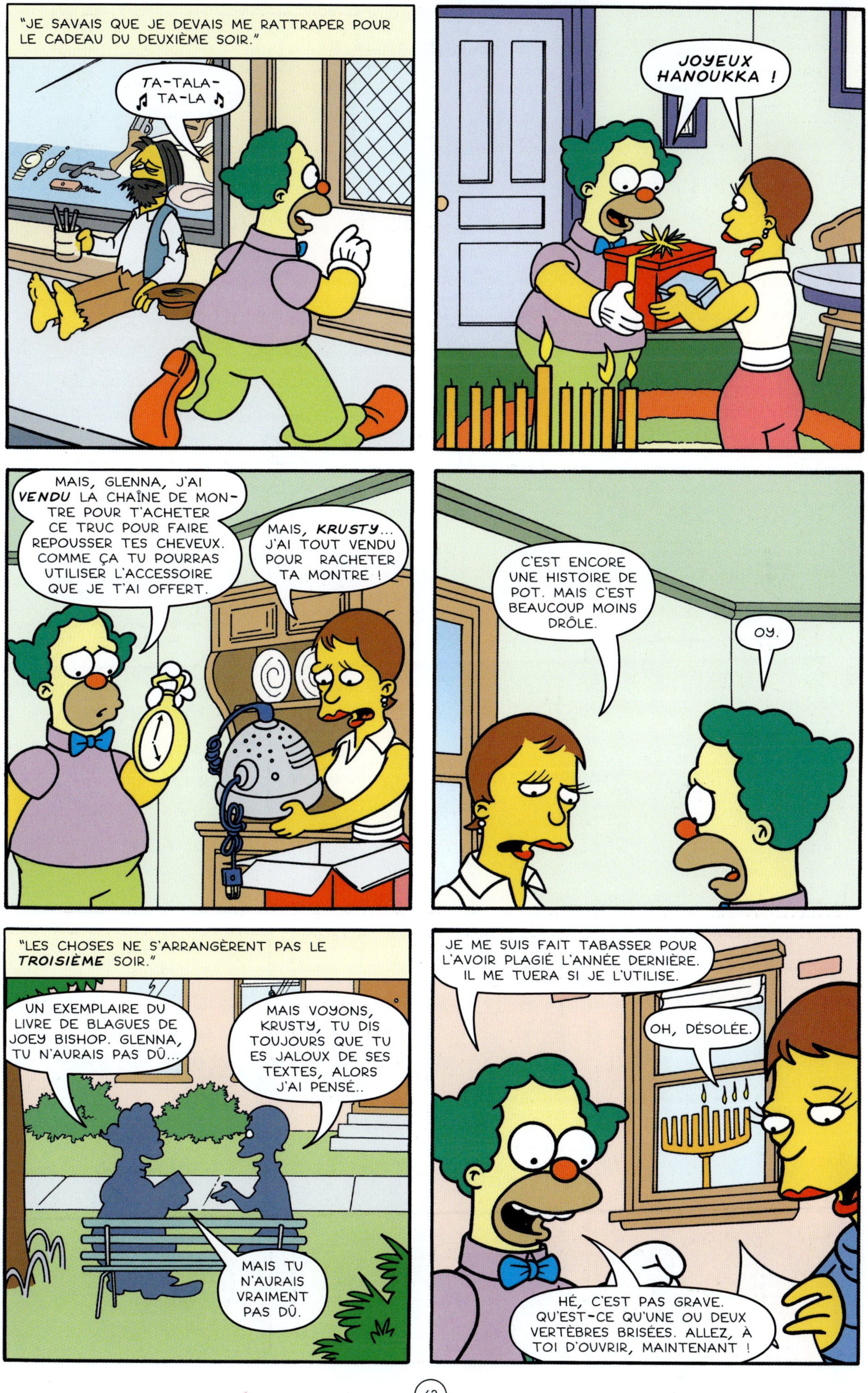
"JE SAVAIS QUE JE DEVAIS ME RATTRAPER POUR LE CADEAU DU DEUXIÈME SOIR."
TA-TALA-TA-LA
JOYEUX HANOUKKA !
MAIS, GLENNA, J'AI VENDU LA CHAÎNE DE MONTRE POUR T'ACHETER CE TRUC POUR FAIRE REPOUSSER TES CHEVEUX. COMME ÇA TU POURRAS UTILISER L'ACCESSOIRE QUE JE T'AI OFFERT.
MAIS, KRUSTY... J'AI TOUT VENDU POUR RACHETER TA MONTRE !
C'EST ENCORE UNE HISTOIRE DE POT. MAIS C'EST BEAUCOUP MOINS DRÔLE.
OY.
"LES CHOSES NE S'ARRANGÈRENT PAS LE TROISIÈME SOIR."
UN EXEMPLAIRE DU LIVRE DE BLAGUES DE JOEY BISHOP. GLENNA, TU N'AURAIS PAS DÛ...
MAIS VOYONS, KRUSTY, TU DIS TOUJOURS QUE TU ES JALOUX DE SES TEXTES, ALORS J'AI PENSÉ..
MAIS TU N'AURAIS VRAIMENT PAS DÛ.
JE ME SUIS FAIT TABASSER POUR L'AVOIR PLAGIÉ L'ANNÉE DERNIÈRE. IL ME TUERA SI JE L'UTILISE.
OH, DÉSOLÉE.
HÉ, C'EST PAS GRAVE. QU'EST-CE QU'UNE OU DEUX VERTÈBRES BRISÉES. ALLEZ, À TOI D'OUVRIR, MAINTENANT !

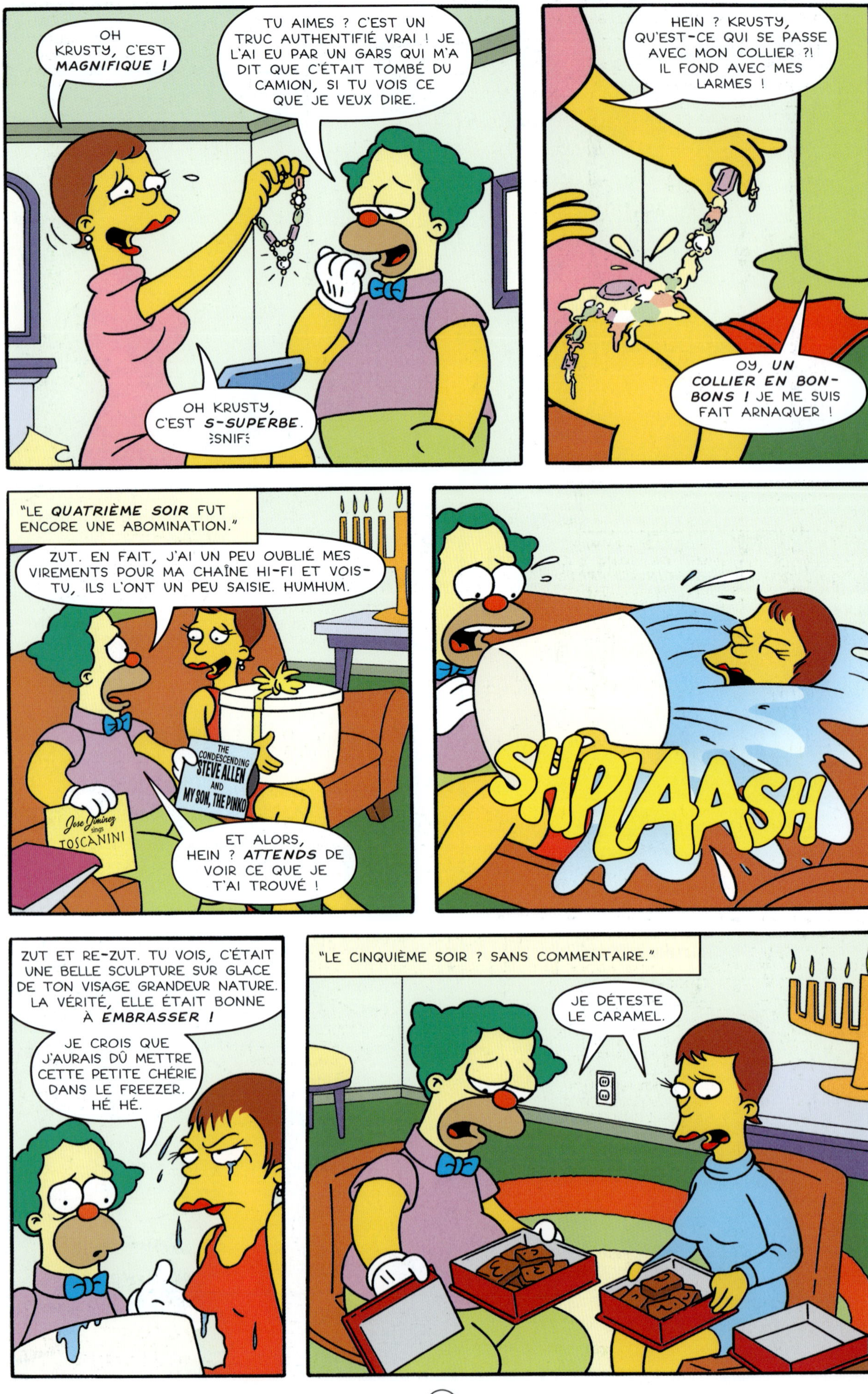
OH KRUSTY, C'EST MAGNIFIQUE !
TU AIMES ? C'EST UN TRUC AUTHENTIFIÉ VRAI ! JE L'AI EU PAR UN GARS QUI M'A DIT QUE C'ÉTAIT TOMBÉ DU CAMION, SI TU VOIS CE QUE JE VEUX DIRE.
OH KRUSTY, C'EST S-SUPERBE. SNIF
HEIN ? KRUSTY, QU'EST-CE QUI SE PASSE AVEC MON COLLIER ?! IL FOND AVEC MES LARMES !
OY, UN COLLIER EN BONBONS ! JE ME SUIS FAIT ARNAQUER !
"LE QUATRIÈME SOIR FUT ENCORE UNE ABOMINATION."
ZUT. EN FAIT, J'AI UN PEU OUBLIÉ MES VIREMENTS POUR MA CHAÎNE HI-FI ET VOIS-TU, ILS L'ONT UN PEU SAISIE. HUMHUM.
THE CONDESCENDING STEVE ALLEN AND MY SON, THE PINKO
Jose Jiminez sings TOSCANINI
ET ALORS, HEIN ? ATTENDS DE VOIR CE QUE JE T'AI TROUVÉ !
SHPLAASH
ZUT ET RE-ZUT. TU VOIS, C'ÉTAIT UNE BELLE SCULPTURE SUR GLACE DE TON VISAGE GRANDEUR NATURE. LA VÉRITÉ, ELLE ÉTAIT BONNE À EMBRASSER !
JE CROIS QUE J'AURAIS DÛ METTRE CETTE PETITE CHÉRIE DANS LE FREEZER. HÉ HÉ.
"LE CINQUIÈME SOIR ? SANS COMMENTAIRE."
JE DÉTESTE LE CARAMEL.

"LE SIXIÈME SOIR NE VALUT PAS GRAND-CHOSE NON PLUS."
UNE BONNE BOUTEILLE, MA BEAUTÉ ! TOUT LE MONDE AIME PRENDRE UN PETIT VERRE PENDANT LES FÊTES !
KRUSTY ! JE T'AI DIT QUE J'ÉTAIS UNE ALCOOLIQUE REPENTIE.
OH SAPRISTI !
VOILÀ.
LES SEMELLES TRUQUÉES DU DR SHLOMO POUR CHAUSSURES DE CLOWN ? ZUT ! J'AI PERDU MES CHAUSSURES AU POKER CET APRÈS-MIDI !
"AUX GRANDS MAUX LES GRANDS REMÈDES..."
V'DEVEZ PRENDRE PLUS DE SANG ! J'AI BESOIN DU FRIC !
S'IL VOUS PLAÎT, ON A DÉJÀ PRIS DEUX FOIS LA DOSE LÉGALE...
PAS DE PROBLÈME ! JE SUIS RECHARGEABLE ! J'AI ENCORE UN CRÉDIT CHEZ SILBERGLEIT, LE PALAIS LIQUOREUX !
KLAXON
KLAXON
ELLLE VVVA T'ADDORER, MON P'TIT CANICHE ! ATTENDS DE VOIR... TOUS LES FEMMES AIMER LES CHIENCHIENS...
OUAIAIS, PETIT. POURQUOI, SUIS SI ÉTOURDI ?...
DÉGAGE DE LA RUE, PAUVRE ALCOOLO ! ET EMPORTE TON PETIT CHIEN !
BIIIIP
CRISSS
PETIT CANICHE ? GLENNY PLEURER CAR TRÈS HEUREUSE ! GLENNY ADORE LES PETITS CANICHES !
JE PLEURE PARCE QUE JE SUIS ALLERGIQUE AUX CHIENS ! SI JE FAIS UNE CRISE ON NE POURRA PAS UTILISER LES BILLETS QUE J'AI ACHETÉS POUR ALLER ÉCOUTER LOUIS PRIMA !
SOIS TRANQUILLE, GLENNY ! J'TE DÉBARRASSE DU CANICHE...

CRISSSSS
KKRUSTNCH!
AAAAAH !
OUAF OUAF
CE CLOWN A BESOIN DE SANG ! DES LITRES DE SANG !
QUELQU'UN VEUT DEUX BILLETS POUR LOUIS PRIMA CE SOIR ?
PAUVRE DE MOI...
"ENFIN, JE ME RETROUVAI DEVANT CHEZ ELLE, C'ÉTAIT MA DERNIÈRE CHANCE. ET JE N'AVAIS PLUS RIEN À LUI OFFRIR..."
"... À PART MON COEUR."
JE TE DOIS 8 SPLENDIDES CADEAUX. JE T'AIME, KRUSTY
"JE GLISSAI LE MOT SOUS SA PORTE ET ATTENDIS. DEUX MINUTES PLUS TARD, J'AVAIS MA RÉPONSE."
OH MON DIEU !
KRUSTY, JE TE RENDS TA LIBERTÉ. JOYEUX HANOUKKA, PAUVRE TYPE. G. PS : NE M'APPROCHE PLUS, SINON RAPPELLE-TOI QUE J'AI DES AMIS.
"JE NE L'AI JAMAIS REVUE. ELLE A TROUVÉ DU TRAVAIL COMME DANSEUSE DANS LE SPECTACLE DE JOEY BISHOP."
WAAAAAAAAHHH!!!
"JE NE POUVAIS MÊME PAS M'OFFRIR UN BILLET POUR LA REVOIR."

ET VOILÀ, LE PIRE HANOUKKA DE TOUTE MA VIE.
OUH LA LA, C'ÉTAIT TROP DRÔLE !
HA! HA!
HA!
HA!
HA!
HA! HA!
OY OY OY ! J'EN PEUX PLUS ! MON FILS EST UN VÉRITABLE SCHMOCK !
OH OH ! QU'EST-CE QUI VOUS FAIT RIGOLER, ESPÈCE D'IDIOTS ?
C'EST PAS DRÔLE ! ARRÊTEZ DE RIRE ! ARRÊTEZ...
BESOIN D'UNE KIPPA PRENDS UNE KIPPA. T'AS TA KIPPA ? T'ES UN BON GARS.
PEUT-ÊTRE QUE C'ÉTAIT DRÔLE...
... JE VEUX DIRE, C'ÉTAIT VRAIMENT UN HANOUKKA TROP NUL, JE NE LE SOUHAITERAIS PAS MÊME À MON AGENT ! NOM D'UNE CROTTE !
WHA AH AH !
HA HA HA ! AHHHH... HA HAAA HAAA HAAA... !
OH SEIGNEUR ! JE NE VAIS JAMAIS SUPPORTER SEPT NUITS COMME ÇA !
WAAAAH HAA... HAAAA... HAAAAA... !
FIN

TONY DIGEROLAMO SCÉNARIO · *CARLOS VALENTI* DESSIN · *STEVE STEERE, JR.* ENCRAGE · *ROBERT STANLEY* COULEURS · *THIERRY CASTILLO* LETTRAGE · *BILL MORRISON* ÉDITEUR · *CÉLINE PETITDIDIER* ADAPTATION FRANÇAISE

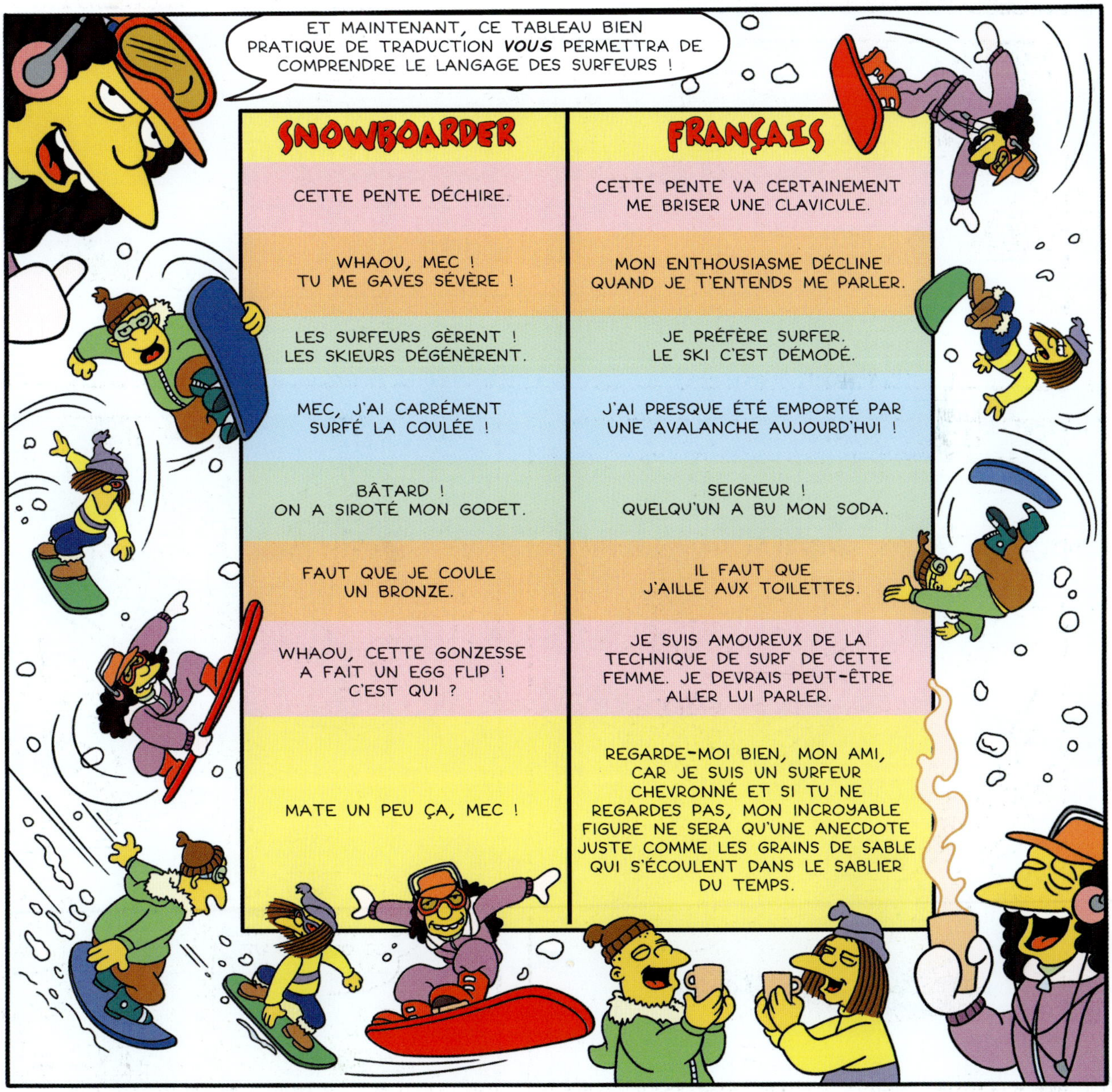

SNOWBOARDER	FRANÇAIS
CETTE PENTE DÉCHIRE.	CETTE PENTE VA CERTAINEMENT ME BRISER UNE CLAVICULE.
WHAOU, MEC ! TU ME GAVES SÉVÈRE !	MON ENTHOUSIASME DÉCLINE QUAND JE T'ENTENDS ME PARLER.
LES SURFEURS GÈRENT ! LES SKIEURS DÉGÉNÈRENT.	JE PRÉFÈRE SURFER. LE SKI C'EST DÉMODÉ.
MEC, J'AI CARRÉMENT SURFÉ LA COULÉE !	J'AI PRESQUE ÉTÉ EMPORTÉ PAR UNE AVALANCHE AUJOURD'HUI !
BÂTARD ! ON A SIROTÉ MON GODET.	SEIGNEUR ! QUELQU'UN A BU MON SODA.
FAUT QUE JE COULE UN BRONZE.	IL FAUT QUE J'AILLE AUX TOILETTES.
WHAOU, CETTE GONZESSE A FAIT UN EGG FLIP ! C'EST QUI ?	JE SUIS AMOUREUX DE LA TECHNIQUE DE SURF DE CETTE FEMME. JE DEVRAIS PEUT-ÊTRE ALLER LUI PARLER.
MATE UN PEU ÇA, MEC !	REGARDE-MOI BIEN, MON AMI, CAR JE SUIS UN SURFEUR CHEVRONNÉ ET SI TU NE REGARDES PAS, MON INCROYABLE FIGURE NE SERA QU'UNE ANECDOTE JUSTE COMME LES GRAINS DE SABLE QUI S'ÉCOULENT DANS LE SABLIER DU TEMPS.

PROGRAMME TV

	20H00	20H30	21H00
OY!	FILM TV – *HERSCHEL, LE BOOKMAKER DE HANOUKKA* – Dans cette fable de Noël Krusty le clown est un bookmaker au cœur de gelt.		
VOYEUR	ÉDITION SPÉCIALE – LE PÈRE NOËL, ALTRUISTE ADORÉ OU DIRIGEANT TYRANNIQUE SANS PITIÉ ? Un portrait réalisé par notre dirigeant tyrannique sans pitié C. Montgomery Burns.		À DÉTERMINER.
¡EH!	ESPECIAL – *UNA NAVIDADA MUY DEPLORABLE* para Bumblebee Man. ¡ Que làstima !		
PLOUC	FILM – *LA FRONTIÈRE DU PÔLE NORD* – Papa Noël se met à faire de la gnôle maison.		
MÔME	*POOCHIE SAUVE NOËL* Ce chien horripilant aide le Père Noël dans sa distribution de cadeaux.	*LE NOUVEL AN SANGLANT D'ITCHY ET SCRATCHY* Les adorables compères s'allient pour assassiner ce chien horripilant.	
GRAS	DÉLICES DE NOËL Cakes aux fruits, lait de poule et pudding.	BOUFFE DE HANOUKKA – Latkes, rugelach et soufganiya.	
ENNUI	DIFFUSION LOCALE – Ned Flanders, un pratiquant inquiet, évoque le Véritable sens de Noël (NOTE: peut-être remplacé par la mire).		
D'OH!	MARATHON DE VIDÉOS CATASTROPHES SPÉCIAL « DÉCORATION DE NOËL » Des images d'un père de famille idiot en train de s'électrocuter pendant qu'il accroche des guirlandes de Noël.		

ENNUI (20H00)
Ned Flanders, un pratiquant inquiet, évoque le Véritable sens de Noël.

OY! (20H00)
FILM TV – *HERSCHEL, LE BOOKMAKER DE HANOUKKA*

DES FÊTES

21H30	22H00
OH CES MACCHABÉES ! (sitcom) Judith est sur le sentier de la guerre alors que Judas laisse les huiles saintes au bureau.	
ÉDITION SPÉCIALE Une enquête de Kent Brockman : “LE LAIT DE POULE, une boisson mortelle ?”	
	PARA SER ANNUNCIADO - PAP
NOËL RINGARD DANS LE MOBIL-HOME DE LURLEEN LUMPKIN – EN CURE DE DÉSINTOX – Avec la participation de Buck McCoy et du jug Band des Alcooliques anonymes.	
FILM TV - *PLOPPER LE COCHON* – L’histoire inédite d’un cochon incontinent qui souhaiterait rejoindre l’équipage des rennes du Père Noël.	
CHASSE AU GRAS – Remords, honte et regrets.	
DÉBAT – Ned Flanders affronte le Père Noël de Costington.	
MARATHON DE VIDÉOS CATASTROPHES SPÉCIAL « DÉCORATION DE NOËL » La rigolade continue à l’hôpital de Springfield.	

VOYEUR (21H30) ÉDITION SPÉCIALE

MÔME (20H30) SPÉCIAL ITCHY & SCRATCHY

¡EH! (20H00)
ESPECIAL – *UNA NAVIDADA MUY DEPLORABLE*

PLOUC (21H30) NOËL RINGARD DANS LE MOBIL-HOME DE LURLEEN LUMPKIN – EN CURE DE DÉSINTOX

TONY DIGEROLAMO SCÉNARIO — *JASON HO* DESSIN — *ANDREW PEPOY* ENCRAGE — *NATHAN KANE* COULEURS — *THIERRY CASTILLO* LETTRAGE — *BILL MORRISON* ÉDITEUR — *CÉLINE PETITDIDIER* ADAPTATION FRANÇAISE

QUELQUES CHANTS PLUS TARD...
♪ IN ♪ EXCELSIS ♫ DEO ! ♫
ON PEUT DIRE QUE VOUS ÊTES VRAIMENT LES PETITS ANGES DE NOS CAMPAGNES !
ET COMME C'EST LA TROISIÈME FOIS QUE VOUS FRAPPEZ À MA PORTE, JE VAIS VOUS DONNER UNE DOUBLE RATION DE GÂTEAUX TOUT JUSTE SORTIS DU FOUR !
ET VOUS POUVEZ METTRE DEUX BÂTONS DE CANNELLE DANS MON VIN CHAUD, CETTE FOIS ?
D'ACCODAC, BART !
MMM... *CRUNCH*, J'AI HÂTE DE *GLOUPS* VOIR CE QUE FLANDERS NOUS DONNERA LA PROCHAINE FOIS...
BART, ON EST CENSÉS RÉPANDRE LA JOIE DE NOËL, PAS RUINER M. FLANDERS !
TU VOIS ?
JE SUIS *CRUNCH-CRUNCH* JOYEUX !
REGARDEZ, VOILÀ LE TRIO DES RINGARDS.
HÉ, C'EST NOTRE TERRITOIRE DE CHANTS DE NOËL !
MAINTENANT DÉGAGEZ AVANT QUE JE VOUS DÉCORE LA TRONCHE ET VOUS ENLÈVE L'ENVIE DE CHANTER !
IL N'Y A PAS DE TERRITOIRE POUR LES CHANTS DE NOËL ET VOUS N'AUREZ PAS RAISON DE NOTRE ESPRIT DE NOËL.
♪ LII-SA... ♪ FERME-LAAA ♫
FAIS-NOUS CONFIANCE. ILS PEUVENT AVOIR RAISON DE TOUT.

ON VA PRENDRE VOTRE ITINÉRAIRE, SIMPSON. ALORS, C'EST QUELLE MAISON QUI DONNE DES BÂTONS DE CANNELLE ?
NON, BART, NE LEUR DIS RIEN !
LISA, JE CROIS QUE JE N'AI PAS LE CHOIX.
UNE BASTONNADE PLUS TARD...
ESPÈCE DE BRUTES, VOUS NE VOUS EN SORTIREZ PAS COMME ÇA. C'EST ANTI-NOËL !
HA HA HA HA !!
LA SEULE CHOSE QUE VOUS AUREZ POUR NOËL, C'EST UN MORCEAU DE CHARBON DANS VOS SOULIERS !
AÏE !
EH BEN, JE L'AVAIS PAS VU VENIR, CELUI-LÀ.
OH BART, ON NE PEUT PLUS CHANTER NULLE PART. JE SUIS DÉSOLÉE DE T'AVOIR ENTRAÎNÉ LÀ-DEDANS.
LIS, JE VAIS TE FAIRE UN CADEAU DE NOËL UN PEU EN AVANCE.
"JE NE LES AI PAS ENVOYÉS CHEZ FLANDERS..."
PETIT PAPA NOËL QUAND TU DESCENDRAS DU CIEL, AVEC...

DES CHANTS DE NOËL POUR MOI ? ≤SNIF≥ ON NE M'AVAIT JAMAIS RIEN CHANTÉ AVANT. JE CROIS QUE JE VAIS PLEURER COMME UNE FILLETTE.
DING DANG ♪ DONG ♪
REGARDEZ, VOICI BART LE VENTRILOQUE...
C'EST POUR NOUS FAIRE PARDONNER LES BLAGUES TÉLÉPHONIQUES DE L'ANNÉE PASSÉE !
QU... ? C'ÉTAIT VOUS ?!
♪ DING DANG... ♪
APPROCHEZ, SALES GOSSES ! UNE FOIS QUE J'EN AURAI FINI AVEC VOUS, LA SEULE CHOSE QUE VOUS VOUDREZ POUR NOËL, C'EST RÉCUPÉRER VOS DENTS ET UNE NOUVELLE RATE !
AAAAH !
BART, JE PENSE QUE TON PLAN MANQUAIT UN PEU D'ESPRIT DE NOËL.
C'EST L'ESPRIT DE NOËL QUE TU VEUX, HEIN ?
LE DERNIER CHEZ FLANDERS EST UN ELFE MOUILLÉ !
JOYEUX NOËL!

Réveillon de Noël chez
Duff BEER
MAY
POUR: MAGGIE
DE LA PART: ONCLE MOE

Moe Szyslak

UNE CHUTE RECORD DE PLUS DE 60 **CENTIMÈTRES DE NEIGE** DANS LA NUIT A PROVOQUÉ LA FERMETURE DES ÉCOLES ET DES COMMERCES DE SPRINGFIELD. ALORS POUR LES VEINARDS PARMI VOUS QUI RESTENT À LA MAISON AUJOURD'HUI, METTEZ VOS MOUFLES, SORTEZ VOS LUGES ET PROFITEZ DE CE **MERVEILLEUX TERRAIN DE JEUX !**
OH OH, CHEF. "**JOUR DE NEIGE**." VOUS SAVEZ CE QUE ÇA VEUT DIRE.
OUAIS, C'EST BON, LOU, J'AI **RETENU** LA LEÇON : NE JAMAIS MANGER LA NEIGE JAUNIE.
I ♥ N.Y.
NON, JE PARLE DE TOUS CES CRIMES BIZARRES QUI SE PRODUISENT LORS DES JOURS DE NEIGE.
C'EST VRAI. DÈS QUE LA VILLE EST PARALYSÉE, ÇA ATTIRE TOUS **LES TARÉS** AVEC LEURS COMBINES FARFELUES.
DRRRRING!
ÇA **COMMENCE**, LES GARS.
POLICE DE SPRINGFIELD, ICI LE CHEF WIGGUM.
CHEF, C'EST LISA SIMPSON ! VENEZ VITE ! QUELQU'UN A VOLÉ MA **PERSONNE DE NEIGE**.
ON Y VA ! ON A UN VOL DE BONHOMME DE NEIGE À EVERGREEN TERRACE.
C'EST MALSAIN !
... ET N'OUBLIEZ PAS LE CONCOURS DE BONSHOMMES DE NEIGE DE SPRINGFIELD À DEUX HEURES SUR LA GRAND-PLACE. LE PREMIER PRIX DE CETTE ANNÉE SERA RÉCOMPENSÉ PAR UN RUBAN BLEU ET UN BON POUR UNE **COLOSCOPIE** GRATUITE CHEZ LE Dr HIBBERT.

ERIC ROGERS SCÉNARIO — *JOEY NILGES* DESSIN — *MIKE DECARLO* ENCRAGE — *NATHAN HAMILL* COULEURS — *THIERRY CASTILLO* LETTRAGE — *BILL MORRISON* ÉDITEUR — *BASILE BÉGUERIE* ADAPTATION FRANÇAISE

GAREZ-VOUS !
GALÈRE !
HOUUHOUU! HOUUHOUU!
Y A GENRE UN MÉGA-PROBLÈME, MONSIEUR LE FLIC ?
JE DOIS VÉRIFIER SI VOUS TRANSPORTEZ DES BONSHOMMES DE NEIGE VOLÉS, MONSIEUR.
PAS DE BONSHOMMES ICI, MEC !
EN EFFET. MAIS JE VOUS CONSEILLERAIS DE PORTER CETTE CAGOULE, AVEC LE FROID QU'IL FAIT.
POUR SÛR !
CHEF, ON VIENT JUSTE DE RECEVOIR UN APPEL ! UN AUTRE BONHOMME DE NEIGE A ÉTÉ VOLÉ À L'USINE DUFF !
ALLONS-Y !
DUFFMAN ÉTAIT EN TRAIN DE FAIRE DEUX SUPER-FILLES DUFF EN NEIGE POUR LE CONCOURS ! OH YEAH !
MAIS QUAND DUFFMAN A DÛ RENTRER POUR ALLER FAIRE UNE EXTRAORDINAIRE PETITE PAUSE CACA, QUELQU'UN A VOLÉ SON CHEF-D'ŒUVRE !
VOUS SAVEZ QUI AURAIT PU FAIRE ÇA ?
PEUT-ÊTRE QUE C'ÉTAIT GROS TONY ET SA BANDE. ILS SONT VENUS VOIR DUFFMAN POUR LUI DIRE QU'ILS COMPTAIENT INVESTIR DANS L'INDUSTRIE DE LA BIÈRE AVEC LEUR "MORT SUBITE" MAISON.
LES GARS, ON S'APPROCHE DE LA FIN...
DE L'ENQUÊTE, CHEF ?
NON, DE LA JOURNÉE, QUAND ON PEUT ENFIN RENTRER CHEZ SOI. MAIS ON PEUT BIEN INTERROGER GROS TONY AVANT.

BIENTÔT...
J'AI BIEN PEUR QUE VOUS NE ME CONFONDIEZ AVEC QUELQU'UN D'AUTRE QUI NE SERAIT PAS COMPLÈTEMENT RESPECTUEUX DE LA LOI. CAR VOYEZ-VOUS, JE N'AURAIS PAS PU VOLER DE BONSHOMMES DE NEIGE, J'ÉTAIS SUR **LA JETÉE** TOUTE LA MATINÉE.
POUR Y FAIRE QUOI, GROS TONY ?
JE ME DÉBARRASSAIS D'UN VIEUX ROULEAU DE **MOQUETTE**. DEMANDEZ AU CAPITAINE.
... **ARRR**, IL DIT BIEN LA VÉRITÉ ! JE L'AI VU BALANCER CE ROULEAU CE MATIN.
ZUT, CHEF. ON DIRAIT BIEN QUE L'ENQUÊTE EST DANS UNE IMPASSE.
SI ÇA VOUS EMBÊTE PAS, IL FAUT QUE JE PARTE POUR LA GRAND-PLACE. J'VOUDRAIS PAS RATER LE DÉBUT DU **CONCOURS DE BONSHOMMES DE NEIGE !**
BON SANG DE BONSOIR, **C'EST ÇA !!!**
DE QUOI ?
CE CONCOURS DE BONSHOMMES DE NEIGE ! NOTRE VOLEUR PIQUE DES BONSHOMMES PARCE QU'IL Y SERA ET FAIT EN SORTE QUE PERSONNE NE PUISSE PRÉSENTER UN **MEILLEUR BONHOMME** DE NEIGE QUE LE SIEN.
ALORS, COMMENT ON VA L'ATTRAPER ?
LES GARS, POUR CETTE OPÉRATION, ON VA DEVOIR **S'INFILTRER !** VOICI LE PLAN...

PLUS TARD, SUR LA PLACE DE SPRINGFIELD...
BIENVENUE À NOTRE... EUH... CONCOURS ANNUEL DE BONSHOMMES DE NEIGE ! NOUS ALLONS PRÉSENTER LES CONCURRENTS ET CHOISIR UN GAGNANT DANS QUELQUES INSTANTS !
2011 PREMIÈRE NEIGE
OH, HÉ ! IL EST TROP TARD POUR PARTICIPER AU CONCOURS, OU NON ?
OUAIS, ON A FAIT UN PETIT QUELQUE CHOSE CE MATIN...
ON L'APPELLE LE "CHEF DE NEIGE" !
HÉ, DÉSOLÉ DE POURRIR L'AMBIANCE MAIS JE DOIS CHANGER CE BÉBÉ. UN PEU D'INTIMITÉ, SVP ?
BIEN SÛR. ON VA VOUS LAISSER TOTALEMENT SEUL.
SURVEILLEZ JUSTE NOTRE BONHOMME DE NEIGE, OK ?
DÉSOLÉ, FLIC DE NEIGE, MAIS TU DOIS DISPARAÎTRE. PERSONNE D'AUTRE QUE MA PETITE MAGGIE NE GAGNERA CE RUBAN BLEU !
STOP !
OUAAAH !?!

C'EST UN FICHU MONSTRE DE NEIGE !!!
MOE'S
CLAC!
VLAAMM!
OK, MON POTE, LÈVE LES BRAS EN...
NOM. D'UN. BEIGNET.
OH, EUHHH... HA HA, QUE FONT TOUS CES BONSHOMMES DE NEIGE ICI ?
VOUS AU MOINS, VOUS M'ÉCOUTEZ. ON SE MARIE ?
PLUS TARD...
ÉCOUTEZ, JE SUIS VRAIMENT DÉSOLÉ POUR TOUT ÇA ET JE SAIS QUE C'ÉTAIT MAL. JE VOULAIS JUSTE QUE MAGGIE GAGNE. MAIS ELLE NE DEVRAIT PAS PAYER POUR MON ERREUR IDIOTE.
QU'EST-CE QUE VOUS PROPOSEZ ALORS ?

PLUS TARD, SUR LA PLACE DE SPRINGFIELD...
EH BIEN, SANS PLUS ATTENDRE, VOYONS UN PEU CES BONSHOMMES !!
C'EST LE SEUL ???
:SOUPIR: J'IMAGINE QUE C'EST LE GAGNANT...
ATTENDEZ !
JE L'AI APPELÉ "FOU, SEXY ET COOL : UN AUTOPORTRAIT."
JE FREINE pour les TAUNTAUNS
VOICI CELUI DE MAGGIE !
ÇA, C'EST UN BONHOMME DE NEIGE !
LA GAGNANTE EST... EUH, MAGGIE SIMPSON !
C'EST LA PIRE PARTICIPATION DE DERNIÈRE MINUTE DE TOUS LES TEMPS !
JE SAVAIS QU'ELLE GAGNERAIT !
ENFIN LIBRES, CECIL ! NOUS VOICI SORTIS DE PRISON ET REGARDE ! DES SCOOTERS DES NEIGES SANS SURVEILLANCE POUR S'ÉCHAPPER !
QUELLE VEINE !
HO HO... C'EST PAS BON...
FIN

JAMES W. BATES SCÉNARIO — **JEREMY ROBINSON** DESSIN — **SHANE GLINES** ENCRAGE — **ROBERT STANLEY** COULEURS — **THIERRY CASTILLO** LETTRAGE — **BILL MORRISON** ÉDITEUR — **BASILE BÉGUERIE** ADAPTATION FRANÇAISE

ESSENTIEL ? ET JÉSUS ALORS ?
LAIT
LAIT
LAIT DE POULE
LAIT DE POULE
LAIT DE POULE-
essentiel pour un Joyeux Noël !
Mon BEAU DONUT Roi des BEIGNETS
PFFF !
SERIEZ-VOUS TENTÉ PAR UNE GOURMANDISE DE NOËL ? J'AI PRATIQUEMENT VENDU TOUS MES PÈRES NOËL EN CHOCOLAT MAIS IL ME RESTE PLEIN D'ENFANTS JÉSUS EN SUCRE !
KWIK-E BOEUF
JE NE SAIS PAS CE QUI ME MET LE PLUS EN COLÈRE : QUE VOUS VENDIEZ DES IDOLES EN SUCRE DE NOTRE SEIGNEUR OU QUE LE PÈRE NOËL SE VENDE MIEUX QUE LUI.
SI *VOUS* ME PARDONNEZ POUR CES SUCRERIES, JE VOUS PARDONNERAI POUR LES HAMBURGERS QUE *VOUS* FAITES AVEC LA CHAIR D'UN ANIMAL SACRÉ POUR MON PEUPLE.
TOUCHÉ.
KWIK-E BOEUF
FAIRE LES COURSES ICI M'A DONNÉ UNE IDÉE POUR MON PROCHAIN SERMON.
MERCI, REVENEZ VITE !

LE DIMANCHE...
Première Église de Springfield
Sermon de Noël !
Bienvenue à Ceux Qui Viennent Une Fois par An
J'AIMERAIS COMMENCER CE SERMON DE NOËL PAR UNE BIEN TRISTE CONFESSION.
OH, CIEL !
IL VA AVOUER QU'IL EST ACCRO AU VIN DE MESSE, ÇA Y EST ?
JE DOIS AVOUER QUE JE SUIS DÉÇU. NOËL EST DEVENU TELLEMENT COMMERCIAL QUE VOUS EN AVEZ OUBLIÉ LE SENS VÉRITABLE.
MÊME TOI, PAPA, *TU* AS OUBLIÉ ?
NON, PAS DU TOUT !
VOUS DÉNATUREZ NOËL D'ANNÉE EN ANNÉE. VOUS VOUS INTÉRESSEZ DAVANTAGE À L'EMBALLAGE DES CADEAUX, À LA DINDE OU AU LAIT DE POULE QU'À LA SIGNIFICATION DE CE JOUR.
PARDONNEZ MON INTERRUPTION, RÉVÉREND, MAIS NE SERIEZ-VOUS PAS UN PETIT PEU DUR AVEC VOTRE BONNE VIEILLE PAROISSE ?

SI VOUS NE ME CROYEZ PAS, ÉCOUTEZ LES ENFANTS !
BART SIMPSON, QUE REPRÉSENTE NOËL POUR TOI ?
HEIN ?
POUR NOËL, JE VAIS AVOIR LE NOUVEAU GRAND THEFT SKATE-BOARD SUR X-STATION !
LISA, QUE PEUX-TU NOUS DIRE SUR NOËL ?
EH BIEN EN FAIT, C'EST L'ÉVOLUTION D'UNE FÊTE PAÏENNE DE L'ANTIQUITÉ, LE DIES NATALIS SOLIS INVICTI, QUI CÉLÈBRE LE SOLSTICE D'HIVER...
MERCI, ÇA IRA COMME ÇA.
POUR FINIR, ESSAYONS RALPH WIGGUM.
NOËL, C'EST UN ANNIVER-SAIRE !
BIEN ! L'ANNI-VERSAIRE DE QUI ?
DU PÈRE NOËL !
ƐSOUPIRƎ J'IMAGINE QU'IL A RAISON.
NOËL EST SACRÉ ! NOËL NE SE RÉSUME PAS À LA BÛCHE, AU HOUX, ET ENCORE MOINS À LA BIÈRE SPÉCIAL HIVER DE DUFF !
MMM... JE L'AVAIS OUBLIÉE, CELLE-LÀ, ELLE DOIT ÊTRE DISPO MAINTENANT !
JE VOUS INVITE TOUS À VOUS RAPPELER CE QUE NOUS CÉLÉBRONS VRAIMENT CHAQUE DÉCEMBRE. UN INDICE : CE N'EST PAS LE PÈRE NOËL. LE PÈRE NOËL N'EXISTE PAS !

PEU DE TEMPS APRÈS...
LOUÉES SOIENT LES GLACES !
AMEN, HOMER ! SI JAMAIS LA GLACE APRÈS L'ÉGLISE DEVIENT UNE HABITUDE, JE VEUX BIEN ÊTRE ENFANT DE CHŒUR !
POURQUOI A-T-ON EU DES GLACES ?
J'AI PENSÉ QUE ÇA VOUS FERAIT PLAISIR.
ET... ?
J'AI AUSSI PENSÉ QUE ÇA VOUS APAISERAIT APRÈS CE QUE LE RÉVÉREND LOVEJOY A DIT À PROPOS DU PÈRE NOËL.
NOUS NE SOMMES PAS DES BÉBÉS. ON CONNAÎT LA VÉRITÉ.
OUAIS ! UN GROS LARD VA M'APPORTER GRAND THEFT SKATEBOARD MAIS JE SAIS QUE C'EST PAS LE PÈRE NOËL !
OOUF !
JE M'INQUIÈTE POUR ROD ET TODD ?
C'EST VRAI QUE NED L'A MAL PRIS.
QUELLE ANDOUILLE, CE FLANDERS.

UN JOUR AVANT NOËL...
BART, JE CROIS QU'IL EST TEMPS DE LANCER L'OPÉRATION "PAPA NOËL".
CHOUETTE BONHOMME DE NEIGE.
MERCI.
POURQUOI VOUS L'AVEZ FAIT AUSSI TRISTE ?
PARCE QUE LE PÈRE NOËL N'EXISTE PAS.
MAIS SI, IL EXISTE ! LES ADULTES SE TROMPENT.
ILS OUBLIENT TOUT À PROPOS DU PÈRE NOËL QUAND ILS VIEILLISSENT. MAIS NOUS SOMMES MIEUX PLACÉS QU'EUX.
IL VOUS SUFFIT DE CROIRE VRAIMENT AU PÈRE NOËL.
SI VOUS CROYEZ EN LUI, IL VIENDRA. PEU IMPORTE CE QUE LE RÉVÉREND OU VOTRE PÈRE DISENT.
ON N'A PAS ENVOYÉ NOS LETTRES ! IL NE SAURA PAS QU'IL DOIT PASSER CHEZ NOUS !
OH NON !
NE VOUS INQUIÉTEZ PAS, JE CONNAIS UNE ASTUCE. SI VOUS LUI METTEZ DU LAIT ET DES COOKIES, IL PASSERA À COUP SÛR !
MARRANT, ÇA. CHEZ NOUS, LE PÈRE NOËL VEUT DE LA BIÈRE ET DES CHIPS.
CROYEZ-MOI, DEMAIN MATIN, VOUS VERREZ QUE LE PÈRE NOËL EN AURA MANGÉ !
ON VA LE FAIRE !

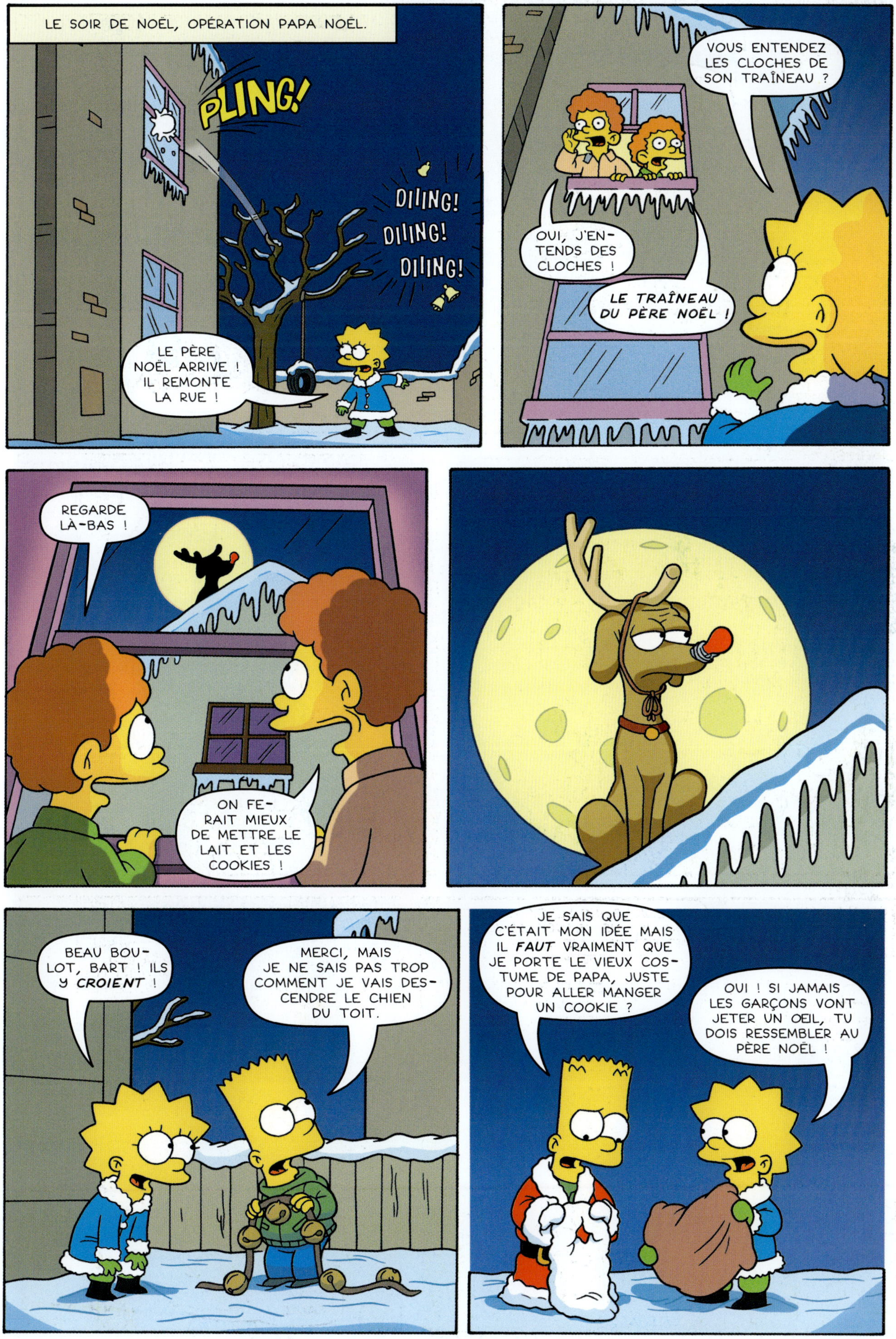

LE SOIR DE NOËL, OPÉRATION PAPA NOËL.
PLING!
DIIING!
DIIING!
DIIING!
LE PÈRE NOËL ARRIVE ! IL REMONTE LA RUE !
VOUS ENTENDEZ LES CLOCHES DE SON TRAÎNEAU ?
OUI, J'ENTENDS DES CLOCHES !
LE TRAÎNEAU DU PÈRE NOËL !
REGARDE LÀ-BAS !
ON FERAIT MIEUX DE METTRE LE LAIT ET LES COOKIES !
BEAU BOULOT, BART ! ILS Y ***CROIENT*** !
MERCI, MAIS JE NE SAIS PAS TROP COMMENT JE VAIS DESCENDRE LE CHIEN DU TOIT.
JE SAIS QUE C'ÉTAIT MON IDÉE MAIS IL ***FAUT*** VRAIMENT QUE JE PORTE LE VIEUX COSTUME DE PAPA, JUSTE POUR ALLER MANGER UN COOKIE ?
OUI ! SI JAMAIS LES GARÇONS VONT JETER UN OEIL, TU DOIS RESSEMBLER AU PÈRE NOËL !

LE COSTUME EST UN PEU GRAND POUR TOI.
C'EST PAS LA TAILLE QUI ME DÉRANGE, C'EST L'ODEUR. JE CROIS QU'HOMER NE L'A JAMAIS LAVÉ APRÈS SON PETIT BOULOT DE PÈRE NOËL AU SUPERMARCHÉ. ÇA PUE LA BIÈRE PÉRIMÉE ET LES COUCHES DES MORVEUX QUI SE SONT ASSIS SUR SES GENOUX.
HÉ, LES GAMINS ! VOUS FAITES QUOI ?
EUH, RIEN...
ON RÉPAND UN PEU L'ESPRIT DE NOËL.
AH, C'EST SYMPA.
ON A REÇU DES APPELS CONCERNANT UN RÔDEUR DANS VOTRE VOISINAGE, ALORS SOYEZ PRUDENTS !
NO PROBLEMO !
JOYEUX NOËL !
C'ÉTAIT MOINS UNE. ON FERAIT MIEUX DE NE PLUS PERDRE DE TEMPS.
ATTENDS. LES GARÇONS DOIVENT JOUER LEUR RÔLE !
PAPA A JETÉ TOUS LES MOULES À COOKIES DE NOËL, ALORS J'ESPÈRE QUE PAPA NOËL AIME LES SABLÉS !
IL FAUT QU'ON RETOURNE DANS NOTRE LIT AVANT QUE PAPA NOËL ARRIVE !

OK, ILS SONT PARTIS.
IL FAUT JUSTE ESPÉRER QUE M. FLANDERS N'AIT PAS D'*ALARME*, OU ON VA SE FAIRE ENGUIRLANDER.
UNE BONNE BOUCHÉE SUR CE COOKIE ET ROD ET TODD SAURONT QUE LE PÈRE NOËL EST PASSÉ PAR ICI.
CRAC!
QU'EST-CE... LE PÈRE NOËL EST LÀ ?!
BART SIMPSON !
SNAKE ! TU CAMBRIOLES LES MAISONS LE SOIR DE NOËL, HABILLÉ COMME ÇA ! C'EST VRAIMENT *BAS !*
AH OUAIS ? ET POURQUOI *TU* RENTRES CHEZ TON VOISIN DÉGUISÉ COMME CE BON VIEUX SAINT NICOLAS ?
EH BEN...

LES MIMINES EN L'AIR, VILAIN VOLEUR !
C'EST UN PISTOLET À FUSÉES ?!?
UN CHEF SCOUT EST TOUJOURS PRÊT ! JE N'HÉSITERAI PAS À VOUS ALLUMER COMME UN FEU DE CHEMINÉE !
PÈRE NOËL ?
PAPA ?
S'IL TE PLAÎT, NE TIRE PAS SUR LE PÈRE NOËL !

PAPA N'A PAS BESOIN DE COLLER UNE BASTOS DANS LE DERRIÈRE DU PÈRE POËL. UN COUP DE FIL À LA POLICE ET ILS EXPÉDIERONT CET **IMPOSTEUR** AU PÉNITENCIER DU PÔLE NORD.
LISA ? BART ?
ATTENDEZ !
MONSIEUR FLANDERS, JE SUIS D'ACCORD QUE TROP DE PUBS COMME LE "GRANITÉ DE NOËL" ONT DÉNATURÉ LE **VÉRITABLE ESPRIT** DE NOËL.
MOI, **J'AIME BIEN** LE GOÛT "SAPIN" DU GRANITÉ DE NOËL VERT.
PENSEZ-VOUS QUE VOS FILS IGNORENT LA **SIGNIFICATION SPIRITUELLE DE NOËL ?**
EUH... NON. JE **SAIS** QU'ILS LA CONNAISSENT.
MÊME SI NOËL EST UNE FÊTE CHRÉTIENNE, ELLE EST CÉLÉBRÉE PAR DE NOMBREUSES PERSONNES NON CHRÉTIENNES. C'EST UNE PÉRIODE OÙ LES GENS ESSAYENT D'ÊTRE UN PEU PLUS GENTILS LES UNS AVEC LES AUTRES. LE PÈRE NOËL **REPRÉSENTE** CET ESPRIT.

LA GÉNÉROSITÉ ET LA BONNE VOLONTÉ QUI PRÉSIDENT NOËL FONT RESSORTIR LE BON CÔTÉ DES GENS.
BIEN SÛR, LA VERSION ROUGE ET BLANCHE QUE NOUS CONNAISSONS AUJOURD'HUI A ÉTÉ POPULARISÉE PAR UNE ENTREPRISE DE SODA, MAIS ÇA NE CHANGE PAS LE FAIT QUE LE PÈRE NOËL EST UN SYMBOLE DE **PAIX** ET DE **JOIE**.
NE PRIVEZ PAS ROD ET TODD DE CETTE JOIE.
EH BIEN, FICHTRE ET SACREBLEU. C'EST SÛR QUE VU COMME ÇA, JE PEUX LAISSER PARTIR LE PÈRE NOËL AVEC UN SIMPLE AVERTISSEMENT.
OUAIS !
MERCI, PAPA !
JE CROIS QU'IL EST TEMPS POUR PAPA NOËL DE LAISSER SON SAC DE CADEAUX ICI, RETOURNER SUR SON TRAÎNEAU ET TAILLER LA ROUTE, PRESTO.

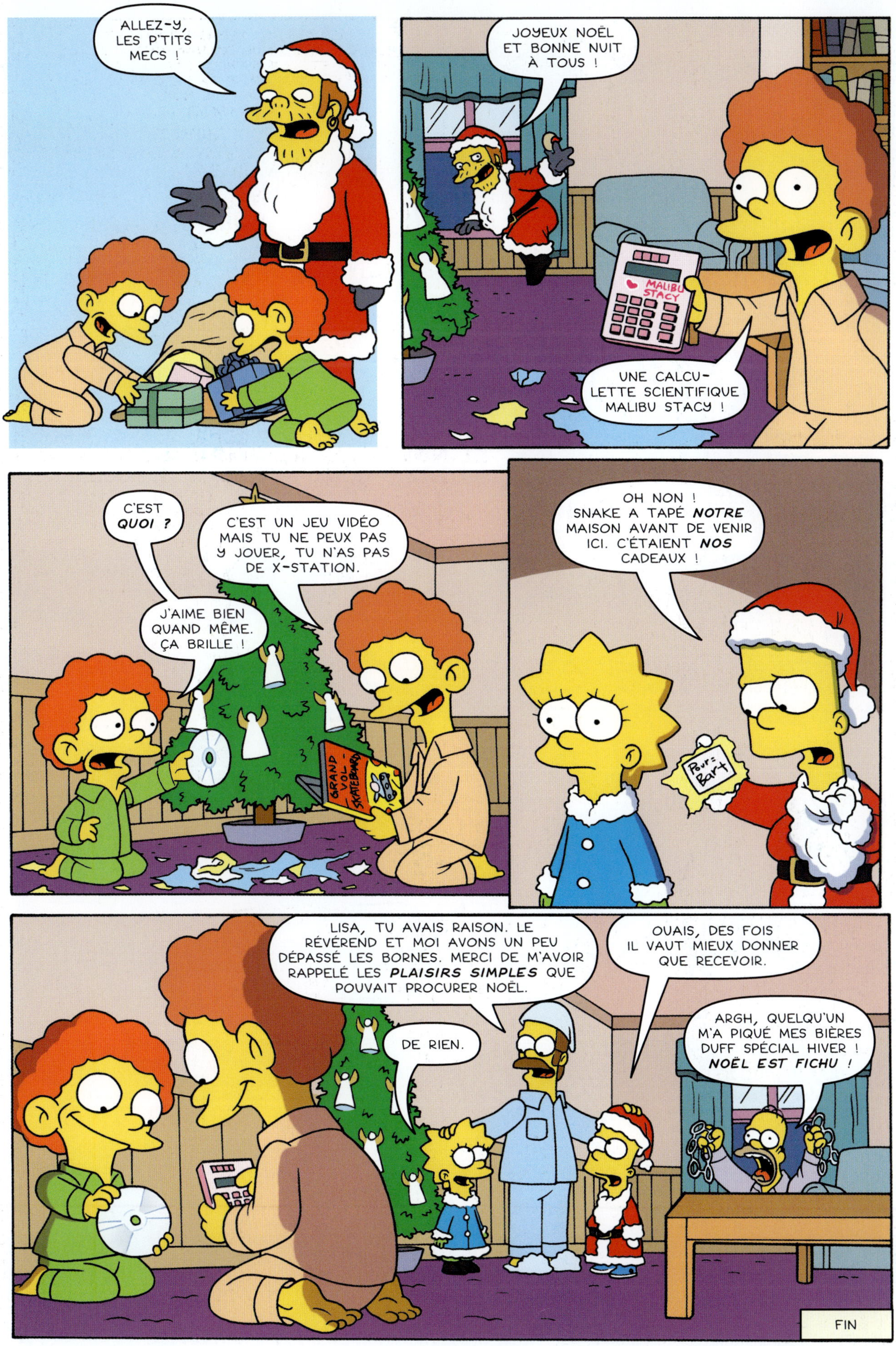
ALLEZ-Y, LES P'TITS MECS !
JOYEUX NOËL ET BONNE NUIT À TOUS !
MALIBU STACY
UNE CALCU-LETTE SCIENTIFIQUE MALIBU STACY !
C'EST **QUOI ?**
C'EST UN JEU VIDÉO MAIS TU NE PEUX PAS Y JOUER, TU N'AS PAS DE X-STATION.
J'AIME BIEN QUAND MÊME. ÇA BRILLE !
GRAND VOL SKATEBOARD
OH NON ! SNAKE A TAPÉ **NOTRE** MAISON AVANT DE VENIR ICI. C'ÉTAIENT **NOS** CADEAUX !
Pour: Bart
LISA, TU AVAIS RAISON. LE RÉVÉREND ET MOI AVONS UN PEU DÉPASSÉ LES BORNES. MERCI DE M'AVOIR RAPPELÉ LES **PLAISIRS SIMPLES** QUE POUVAIT PROCURER NOËL.
DE RIEN.
OUAIS, DES FOIS IL VAUT MIEUX DONNER QUE RECEVOIR.
ARGH, QUELQU'UN M'A PIQUÉ MES BIÈRES DUFF SPÉCIAL HIVER ! **NOËL EST FICHU !**
FIN

C'EST NOËL à la

MAISON DU DERRIÈRE
Gigi
Candy
Dixie

Pourquoi attendre l'été ? On peut s'éclater pendant l'hiver au

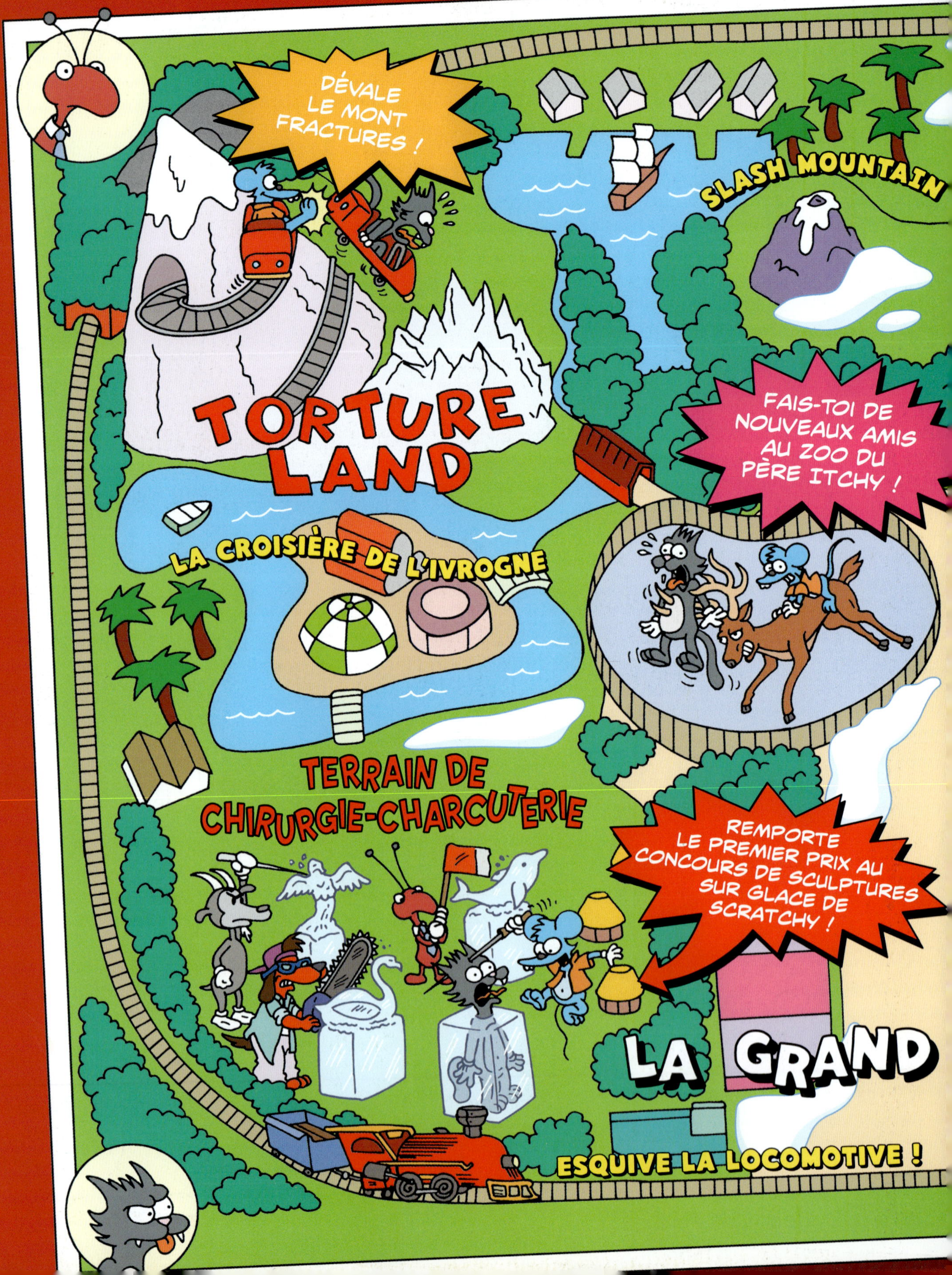

Parc d'attractions d'Itchy et Scratchy !

chez KING TOOT'S

Promo sur les albums de Noël !

CLETUS SPUCKLER
NOHËLLE CHEZ LES PLOUCS
INCLUS :
BONHOMME DE BIÈRE
IGLOU, IGLOU, IGLOUPS
RÉVEILLON AU HOUBLON
INCLUS :
MÉMÉ EST PASSÉE SOUS LA DÉNEIGEUSE
IL EST À MOI CE GOSSE ?
PETIT PAPA NOËL, N'OUBLIE PAS MES NOUVELLES DENTS DE DEVANT
Happy Holiduff!
DUFF VOUS SOUHAITE UNE HEUREUSE CUVÉE !
DUFF
D
Vive le Vent d'Hiver nucléaire
ÉGALEMENT DISPONIBLE EN
CYLINDRE DE CIRE EDISON™ ET PARTITION POUR PIANO MÉCANIQUE !
PAR MONTGOMERY "NOËL" BURNS

TONY DIGEROLAMO SCÉNARIO — *JOHN COSTANZA* DESSIN — *PHYLLIS NOVIN* ENCRAGE — *ROBERT STANLEY* COULEURS — *THIERRY CASTILLO* LETTRAGE — *BILL MORRISON* ÉDITEUR — *BASILE BÉGUERIE* ADAPTATION FRANÇAISE

EUH, DÉSOLÉ DE M'ÊTRE PLANQUÉ DANS VOTRE VOITURE. J'AI FAIT DES STALACTITES AVEC LE DERNIER PACK DE BIÈRES D'HOMER, ALORS J'ESSAIE DE ME FAIRE OUBLIER LE TEMPS QU'IL SE CALME. ON EST OÙ ?
AU RALLYE DE TRAÎNEAUX DES CAMPEURS JUNIORS ! ET TU ARRIVES PILE À TEMPS POUR ÊTRE LE PARTENAIRE DE RALPH !
VOUS VOULEZ DIRE, COMME DANS UN JEU VIDÉO DE LUGE ?
EH BIEN, SI TU FERMES LES YEUX ET QUE TU T'IMAGINES UN TOBOGGAN DANS TA CABOCHE, TU PEUX FAIRE COMME SI C'ÉTAIT UN JEU VIDÉO, NON ?
YOUPI ! BART EST MON AMI !
ARGH !
PEU APRÈS...
À VOS MARQUI-MARQUOS-MARQUES !
EST-CE QUE JE PEUX M'ASSEOIR SUR LE TRAÎNEAU AUSSI ?
JE M'ASSOIE POUR NOUS DEUX.
YOUPI !
PRÊTS, PARTI-PARTO-PARTEZ !
WOUAH ! VAS-Y, RALPH ! ON VA PEUT-ÊTRE MÊME GAGNER !
OUIIIII ! JE TIRE !
NON, RALPH ! TU VAS DANS LA MAUVAISE DIRECTION !
HA HA HA HA HA, HA HA HA ! UN LAPIN !

JOYEUX HANOUKKA
Hanoukka à
SCHTICKFAIR

JOYEUX 7ÈME JOUR !
JOYEUX 8ÈME JOUR !
JOYEUX 4ÈME JOUR !

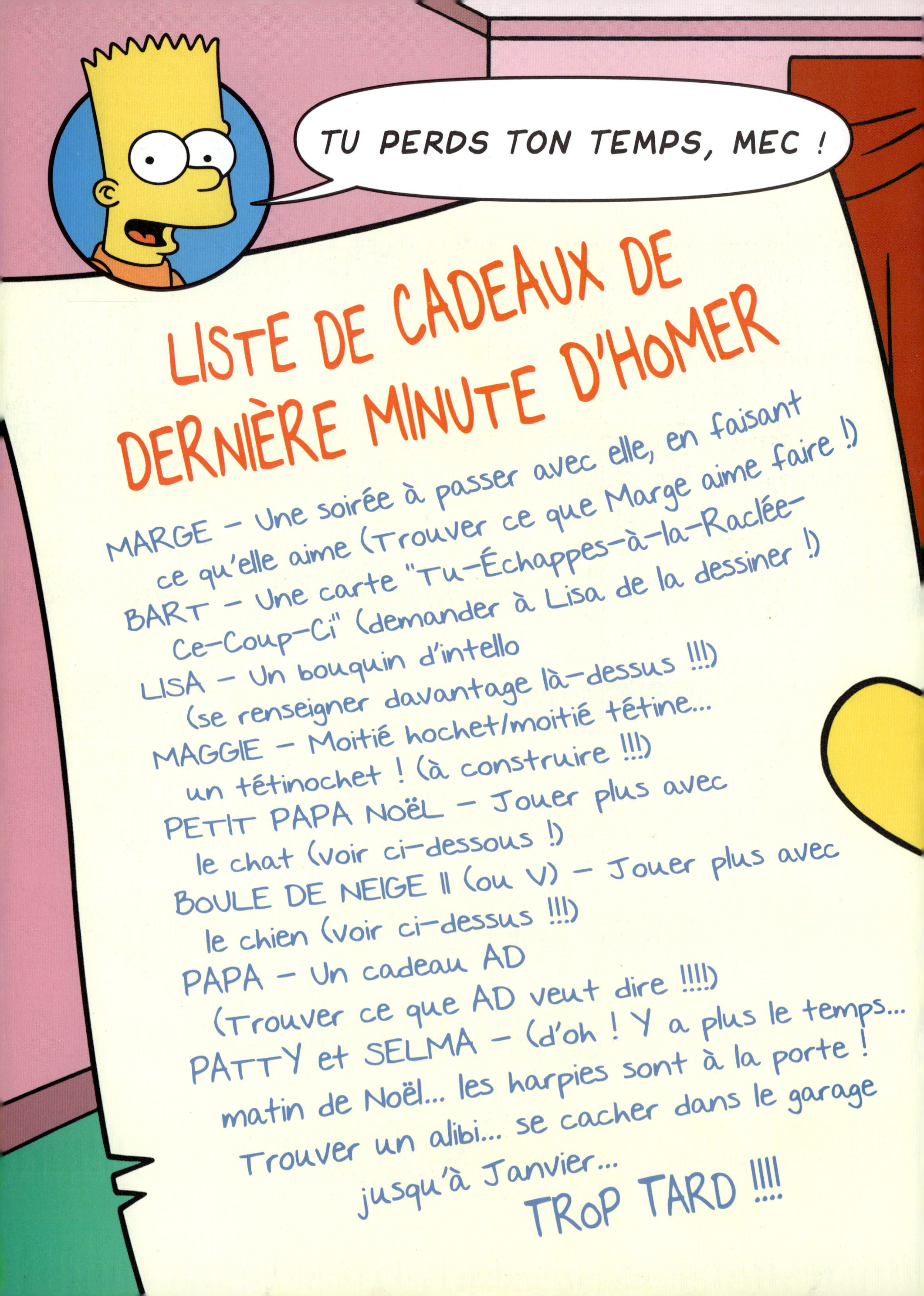
TU PERDS TON TEMPS, MEC !
LISTE DE CADEAUX DE DERNIÈRE MINUTE D'HOMER
MARGE – Une soirée à passer avec elle, en faisant ce qu'elle aime (Trouver ce que Marge aime faire !)
BART – Une carte "Tu-Échappes-à-la-Raclée-Ce-Coup-Ci" (demander à Lisa de la dessiner !)
LISA – Un bouquin d'intello (se renseigner davantage là-dessus !!!)
MAGGIE – Moitié hochet/moitié tétine... un tétinochet ! (à construire !!!)
PETIT PAPA NOËL – Jouer plus avec le chat (voir ci-dessous !)
BOULE DE NEIGE II (ou V) – Jouer plus avec le chien (voir ci-dessus !!!)
PAPA – Un cadeau AD (Trouver ce que AD veut dire !!!!)
PATTY et SELMA – (d'oh ! Y a plus le temps... matin de Noël... les harpies sont à la porte ! Trouver un alibi... se cacher dans le garage jusqu'à Janvier...
TROP TARD !!!!

HOMER, LES ENFANTS DEVRAIENT ÊTRE AU LIT DEPUIS LONGTEMPS.
T'EN FAIS PAS, MARGE, ILS AURONT TOUTE L'ANNÉE POUR RATTRAPER LEUR SOMMEIL.
... ET UN TOAST À NOS FUTURS ET SINCÈRES EFFORTS DE TENIR NOS RÉSOLUTIONS POUR LA NOUVELLE ANNÉE...
MAIS D'ABORD, SOUVENONS-NOUS DES RÉSOLUTIONS QUE NOUS N'AVONS PAS PU TENIR, AFIN DE NE PAS RÉPÉTER LES MÊMES ERREURS.
BART, COMMENÇONS PAR TA RÉSOLUTION DE NE JAMAIS PLUS FAIRE DE BRUIT EN UTILISANT PLUS D'UN ORIFICE À LA FO...
OOMPH !
BONNE ANNÉE ET BIENVENUE AU PLANET HYPE, LA PLUS GRANDE CHAÎNE DE RESTAURANTS AYANT POUR THÈME LES CÉLÉBRITÉS. VOUS N'AUREZ JAMAIS ÉTÉ AUSSI PROCHES D'HOLLYWOOD DE TOUTE VOTRE MISÉRABLE EXISTENCE.
PLANET HYPE
OH, C'EST BIENTÔT MINUIT ! TENEZ-VOUS PRÊTS POUR LE COMPTE À REBOURS.
PERSONNE NE JETTE CE QU'IL A TOUCHÉ ! EN REFOURGUANT TOUT ÇA SUR EBAY, JE VAIS RENTABILISER CE REPAS !
GRÂCE À VOTRE SERVITEUR, ÇA VA ÊTRE UNE BONNE ANNÉE, SI MON TENEUR DE RÉSOLUTIONS 3000 FONCTIONNE COMME PRÉVU...
MAINTENANT JE ME PLACE AU MILIEU DU RESTAURANT, COMME CECI, PUIS J'ALLUME LA MACHINE ET J'ATTENDS QUE LA MAGIE OPÈRE...
CLICK !

ERIC ROGERS SCÉNARIO · *JOEY NILGES* DESSIN · *KEN WHEATON* ENCRAGE · *ROBERT STANLEY* COULEURS · *THIERRY CASTILLO* LETTRAGE · *BILL MORRISON* ÉDITEUR · *BASILE BÉGUERIE* ADAPTATION FRANÇAISE

JE SAIS QUE JE DIS ÇA CHAQUE ANNÉE MAIS CETTE FOIS, JE VAIS LE FAIRE ! JE VAIS PERDRE DU POIDS ET NE PAS EN REGAGNER !
C'EST FINI ! JE VAIS ARRÊTER DE SORTIR AVEC DES BIMBOS JEUNES ET SEXY ET, EUH... JE VAIS ME CONSACRER À MA FIDÈLE ÉPOUSE !
DRRRING!
LA FEMME
PEUT-ÊTRE QUE SI JE SUIS UN PEU PLUS AMICAL ET MOINS CRITIQUE AVEC LES AUTRES, JE NE FINIRAI PAS AUSSI SEUL AU PROCHAIN RÉVEILLON.
TU SAIS QUOI, CHÉRIE, TU AS RAISON... J'AURAIS ÉTÉ UN BIEN MEILLEUR DOCTEUR SI J'ÉTAIS VRAIMENT ALLÉ EN FAC DE MÉDECINE. JE VAIS M'Y INSCRIRE DÈS DEMAIN !
EERRAAAHBLABBAABABA GRRAWW... CHATS !
JE SUIS ON NE PEUT PLUS D'ACCORD... ON DEVRAIT TOUS DONNER UN PEU PLUS. JE VAIS ESSAYER COMME VOUS CETTE ANNÉE, ET JE VAIS COMMENCER EN ALLANT RÉGLER MON ARDOISE CHEZ MOE.
ET MAIN-TENANT, JE VAIS SURVEILLER MES COBAYES TOUT AU LONG DE L'ANNÉE ET DOCUMENTER MES DÉCOUVERTES, QUI ME VAUDRONT À COUP SÛR LE PRIX NOBEL !

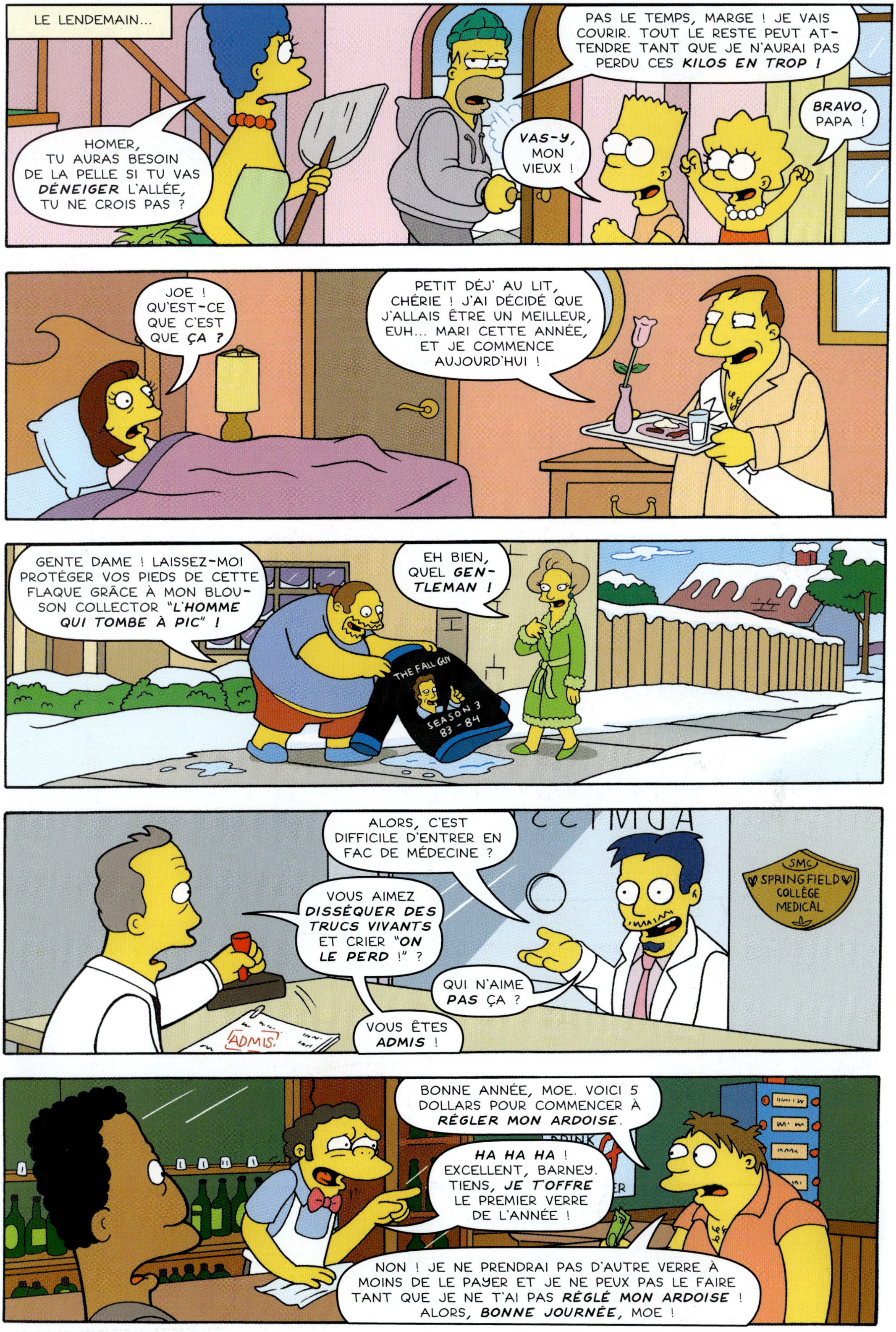
LE LENDEMAIN...
HOMER, TU AURAS BESOIN DE LA PELLE SI TU VAS DÉNEIGER L'ALLÉE, TU NE CROIS PAS ?
PAS LE TEMPS, MARGE ! JE VAIS COURIR. TOUT LE RESTE PEUT ATTENDRE TANT QUE JE N'AURAI PAS PERDU CES KILOS EN TROP !
VAS-Y, MON VIEUX !
BRAVO, PAPA !
JOE ! QU'EST-CE QUE C'EST QUE ÇA ?
PETIT DÉJ' AU LIT, CHÉRIE ! J'AI DÉCIDÉ QUE J'ALLAIS ÊTRE UN MEILLEUR, EUH... MARI CETTE ANNÉE, ET JE COMMENCE AUJOURD'HUI !
GENTE DAME ! LAISSEZ-MOI PROTÉGER VOS PIEDS DE CETTE FLAQUE GRÂCE À MON BLOUSON COLLECTOR "L'HOMME QUI TOMBE À PIC" !
EH BIEN, QUEL GENTLEMAN !
THE FALL GUY
SEASON 3
83 - 84
ALORS, C'EST DIFFICILE D'ENTRER EN FAC DE MÉDECINE ?
VOUS AIMEZ DISSÉQUER DES TRUCS VIVANTS ET CRIER "ON LE PERD !" ?
QUI N'AIME PAS ÇA ?
VOUS ÊTES ADMIS !
SMC
SPRINGFIELD
COLLÈGE
MEDICAL
ADMIS
BONNE ANNÉE, MOE. VOICI 5 DOLLARS POUR COMMENCER À RÉGLER MON ARDOISE.
HA HA HA ! EXCELLENT, BARNEY. TIENS, JE T'OFFRE LE PREMIER VERRE DE L'ANNÉE !
NON ! JE NE PRENDRAI PAS D'AUTRE VERRE À MOINS DE LE PAYER ET JE NE PEUX PAS LE FAIRE TANT QUE JE NE T'AI PAS RÉGLÉ MON ARDOISE ! ALORS, BONNE JOURNÉE, MOE !

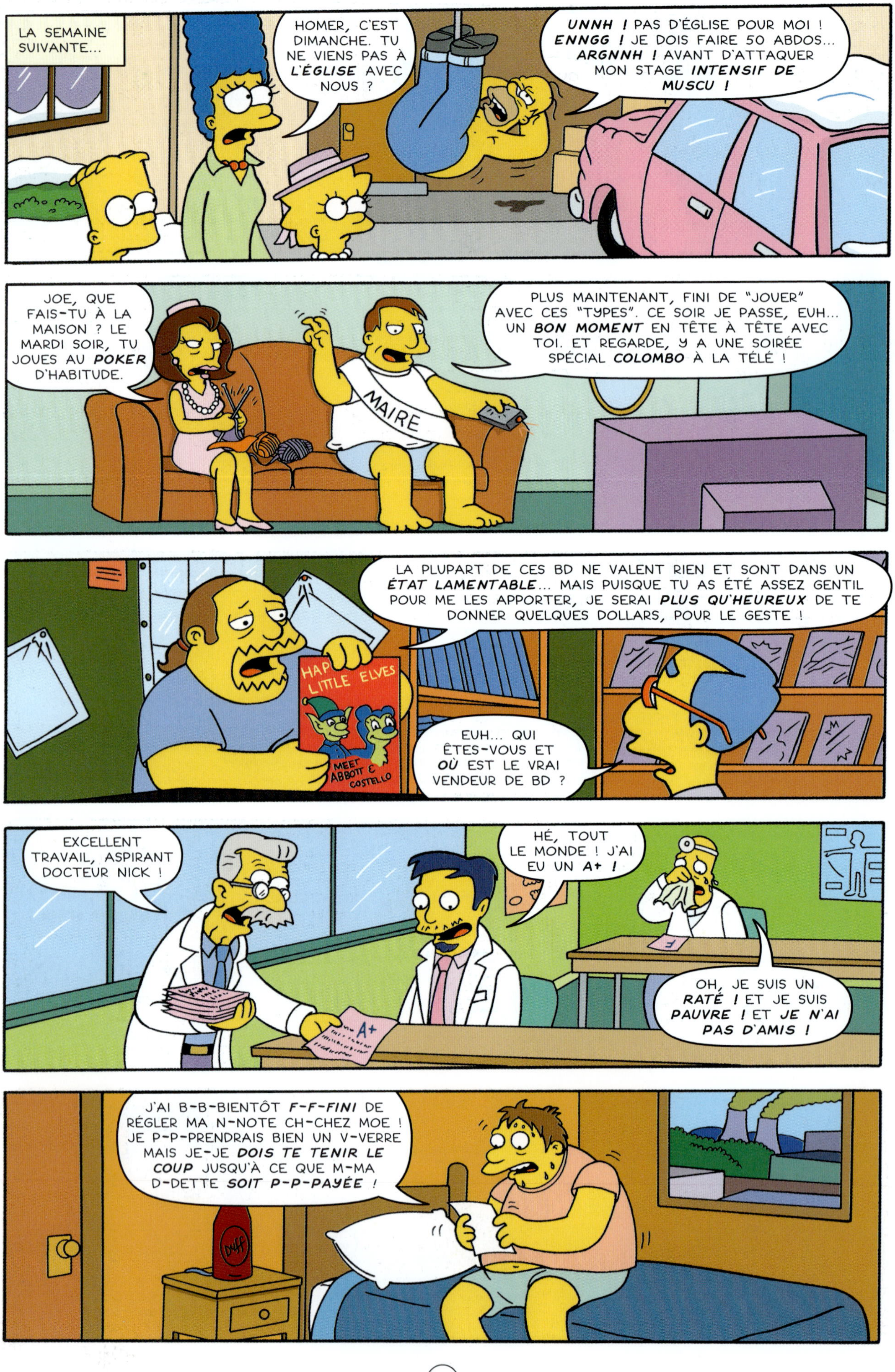
LA SEMAINE SUIVANTE...
HOMER, C'EST DIMANCHE. TU NE VIENS PAS À L'ÉGLISE AVEC NOUS ?
UNNH ! PAS D'ÉGLISE POUR MOI ! ENNGG ! JE DOIS FAIRE 50 ABDOS... ARGNNH ! AVANT D'ATTAQUER MON STAGE INTENSIF DE MUSCU !
JOE, QUE FAIS-TU À LA MAISON ? LE MARDI SOIR, TU JOUES AU POKER D'HABITUDE.
PLUS MAINTENANT, FINI DE "JOUER" AVEC CES "TYPES". CE SOIR JE PASSE, EUH... UN BON MOMENT EN TÊTE À TÊTE AVEC TOI. ET REGARDE, Y A UNE SOIRÉE SPÉCIAL COLOMBO À LA TÉLÉ !
MAIRE
LA PLUPART DE CES BD NE VALENT RIEN ET SONT DANS UN ÉTAT LAMENTABLE... MAIS PUISQUE TU AS ÉTÉ ASSEZ GENTIL POUR ME LES APPORTER, JE SERAI PLUS QU'HEUREUX DE TE DONNER QUELQUES DOLLARS, POUR LE GESTE !
HAP LITTLE ELVES MEET ABBOTT & COSTELLO
EUH... QUI ÊTES-VOUS ET OÙ EST LE VRAI VENDEUR DE BD ?
EXCELLENT TRAVAIL, ASPIRANT DOCTEUR NICK !
HÉ, TOUT LE MONDE ! J'AI EU UN A+ !
A+
OH, JE SUIS UN RATÉ ! ET JE SUIS PAUVRE ! ET JE N'AI PAS D'AMIS !
J'AI B-B-BIENTÔT F-F-FINI DE RÉGLER MA N-NOTE CH-CHEZ MOE ! JE P-P-PRENDRAIS BIEN UN V-VERRE MAIS JE-JE DOIS TE TENIR LE COUP JUSQU'À CE QUE M-MA D-DETTE SOIT P-P-PAYÉE !
DUFF

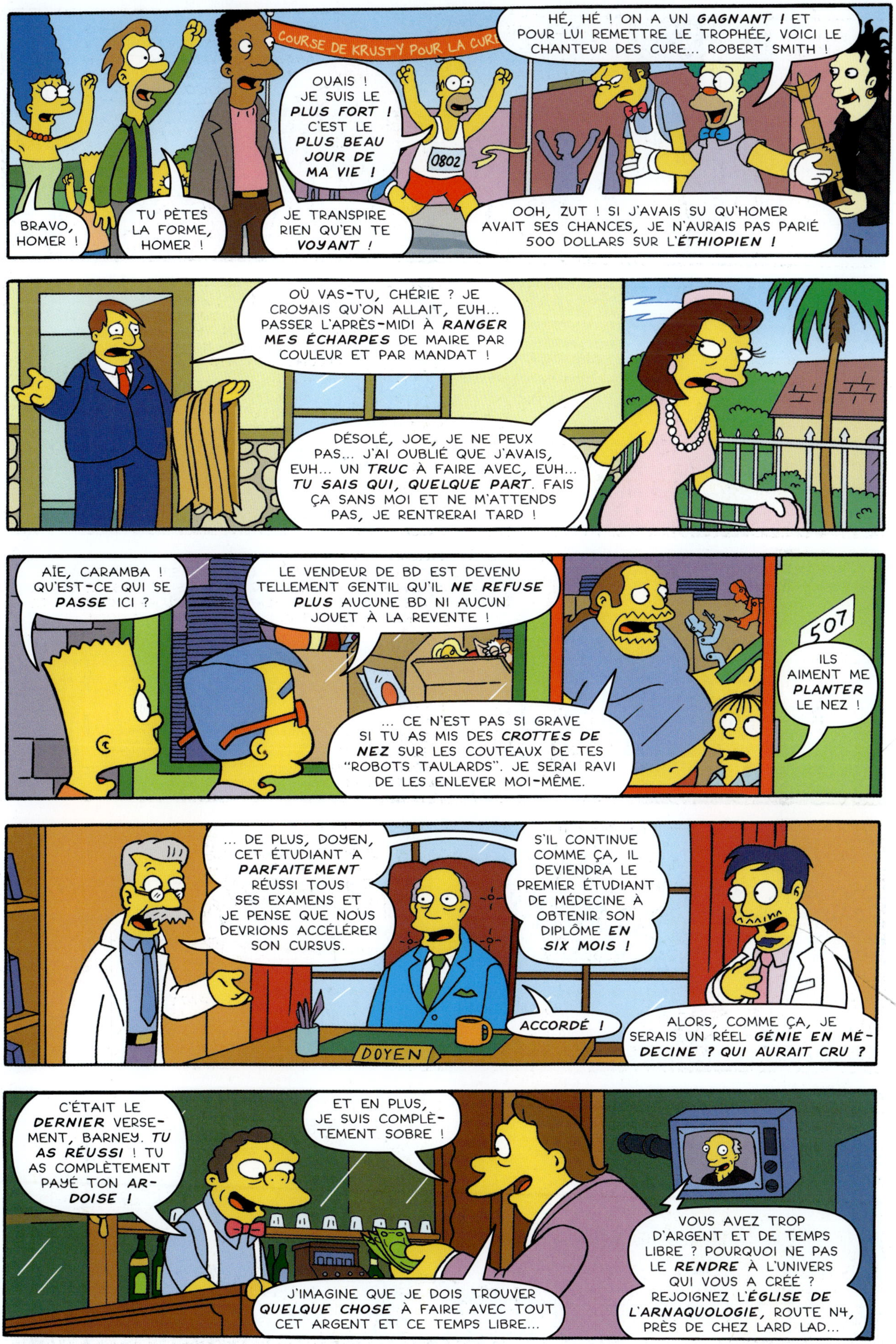
COURSE DE KRUSTY POUR LA CURE
BRAVO, HOMER !
TU PÈTES LA FORME, HOMER !
JE TRANSPIRE RIEN QU'EN TE VOYANT !
OUAIS ! JE SUIS LE PLUS FORT ! C'EST LE PLUS BEAU JOUR DE MA VIE !
0802
HÉ, HÉ ! ON A UN GAGNANT ! ET POUR LUI REMETTRE LE TROPHÉE, VOICI LE CHANTEUR DES CURE... ROBERT SMITH !
OOH, ZUT ! SI J'AVAIS SU QU'HOMER AVAIT SES CHANCES, JE N'AURAIS PAS PARIÉ 500 DOLLARS SUR L'ÉTHIOPIEN !
OÙ VAS-TU, CHÉRIE ? JE CROYAIS QU'ON ALLAIT, EUH... PASSER L'APRÈS-MIDI À RANGER MES ÉCHARPES DE MAIRE PAR COULEUR ET PAR MANDAT !
DÉSOLÉ, JOE, JE NE PEUX PAS... J'AI OUBLIÉ QUE J'AVAIS, EUH... UN TRUC À FAIRE AVEC, EUH... TU SAIS QUI, QUELQUE PART. FAIS ÇA SANS MOI ET NE M'ATTENDS PAS, JE RENTRERAI TARD !
AÏE, CARAMBA ! QU'EST-CE QUI SE PASSE ICI ?
LE VENDEUR DE BD EST DEVENU TELLEMENT GENTIL QU'IL NE REFUSE PLUS AUCUNE BD NI AUCUN JOUET À LA REVENTE !
... CE N'EST PAS SI GRAVE SI TU AS MIS DES CROTTES DE NEZ SUR LES COUTEAUX DE TES "ROBOTS TAULARDS". JE SERAI RAVI DE LES ENLEVER MOI-MÊME.
507
ILS AIMENT ME PLANTER LE NEZ !
... DE PLUS, DOYEN, CET ÉTUDIANT A PARFAITEMENT RÉUSSI TOUS SES EXAMENS ET JE PENSE QUE NOUS DEVRIONS ACCÉLÉRER SON CURSUS.
S'IL CONTINUE COMME ÇA, IL DEVIENDRA LE PREMIER ÉTUDIANT DE MÉDECINE À OBTENIR SON DIPLÔME EN SIX MOIS !
ACCORDÉ !
DOYEN
ALORS, COMME ÇA, JE SERAIS UN RÉEL GÉNIE EN MÉDECINE ? QUI AURAIT CRU ?
C'ÉTAIT LE DERNIER VERSEMENT, BARNEY. TU AS RÉUSSI ! TU AS COMPLÈTEMENT PAYÉ TON ARDOISE !
ET EN PLUS, JE SUIS COMPLÈTEMENT SOBRE !
J'IMAGINE QUE JE DOIS TROUVER QUELQUE CHOSE À FAIRE AVEC TOUT CET ARGENT ET CE TEMPS LIBRE...
VOUS AVEZ TROP D'ARGENT ET DE TEMPS LIBRE ? POURQUOI NE PAS LE RENDRE À L'UNIVERS QUI VOUS A CRÉÉ ? REJOIGNEZ L'ÉGLISE DE L'ARNAQUOLOGIE, ROUTE N4, PRÈS DE CHEZ LARD LAD...

SIX MOIS PLUS TARD...
ICI KENT BROCKMAN EN DIRECT POUR LA REMISE DU TROPHÉE DE "L'HOMME LE PLUS EN FORME DE TOUT SPRINGFIELD" À HOMER J. SIMPSON !
UN TROPHÉE REMARQUABLE QUE J'AI MOI-MÊME GAGNÉ 13 FOIS, HOMER.
AU VU DE VOTRE INCROYABLE PERFORMANCE, JE VOUS OFFRE UN POSTE À TEMPS PLEIN POUR ÊTRE MON COACH PERSONNEL.
MUSCU magazine
WOU-HOU ! JE FERAI PASSER VOTRE FORME AVANT TOUTE AUTRE CHOSE DANS MA VIE !
UNE DEMANDE DE DIVORCE ?! TU NE PEUX PAS ME QUITTER PENDANT UNE ÉLECTION ! LES HABITANTS DE SPRINGFIELD N'ÉLIRONT PAS QUELQU'UN QUI ÉCHOUE DANS SA VIE PRIVÉE ! J'AI BESOIN DE TOI !
QUIMBY !
MAIRE
VOTEZ
JE SUIS DÉSOLÉE, JOE, MAIS APRÈS CES DERNIERS MOIS PASSÉS AUPRÈS DE TOI, JE ME SUIS RENDU COMPTE QUE JE NE T'AIMAIS PLUS.
MALÉDICTION... MA GLORIEUSE BOUTIQUE ! QUI A FAIT ÇA ?
LE FEU EST PARTI D'UN APPAREIL ÉLECTRIQUE DÉFAILLANT,
MAIS L'INCENDIE AURAIT PU ÊTRE ÉVITÉ S'IL N'Y AVAIT PAS EU AUTANT DE TRUCS INFLAMMABLES DANS LA BOUTIQUE.
SALUT, TOUT LE MONDE... BIENVENUE DANS MA NOUVELLE CLINIQUE ! J'OFFRE LES MEILLEURS RÉSULTATS POUR LES PLUS BAS PRIX DANS TOUT SPRINGFIELD !
EN PLUS, J'AI UN VRAI DIPLÔME DE MÉDECINE MAINTENANT, JE NE JOUE PLUS AUX DEVINETTES !
ET MAINTENANT QUE VOUS AVEZ DONNÉ VOTRE SALAIRE DU MOIS À L'ÉGLISE, IL EST TEMPS D'OFFRIR UN SACRIFICE À LA DÉESSE BARBARELLA SOUS LA FORME D'UN SANDWICH STEAK-FROMAGE, AVEC DES OIGNONS GRILLÉS EN PLUS, COMME ELLE LES AIMAIT.
OIGNONS GRILLÉS...

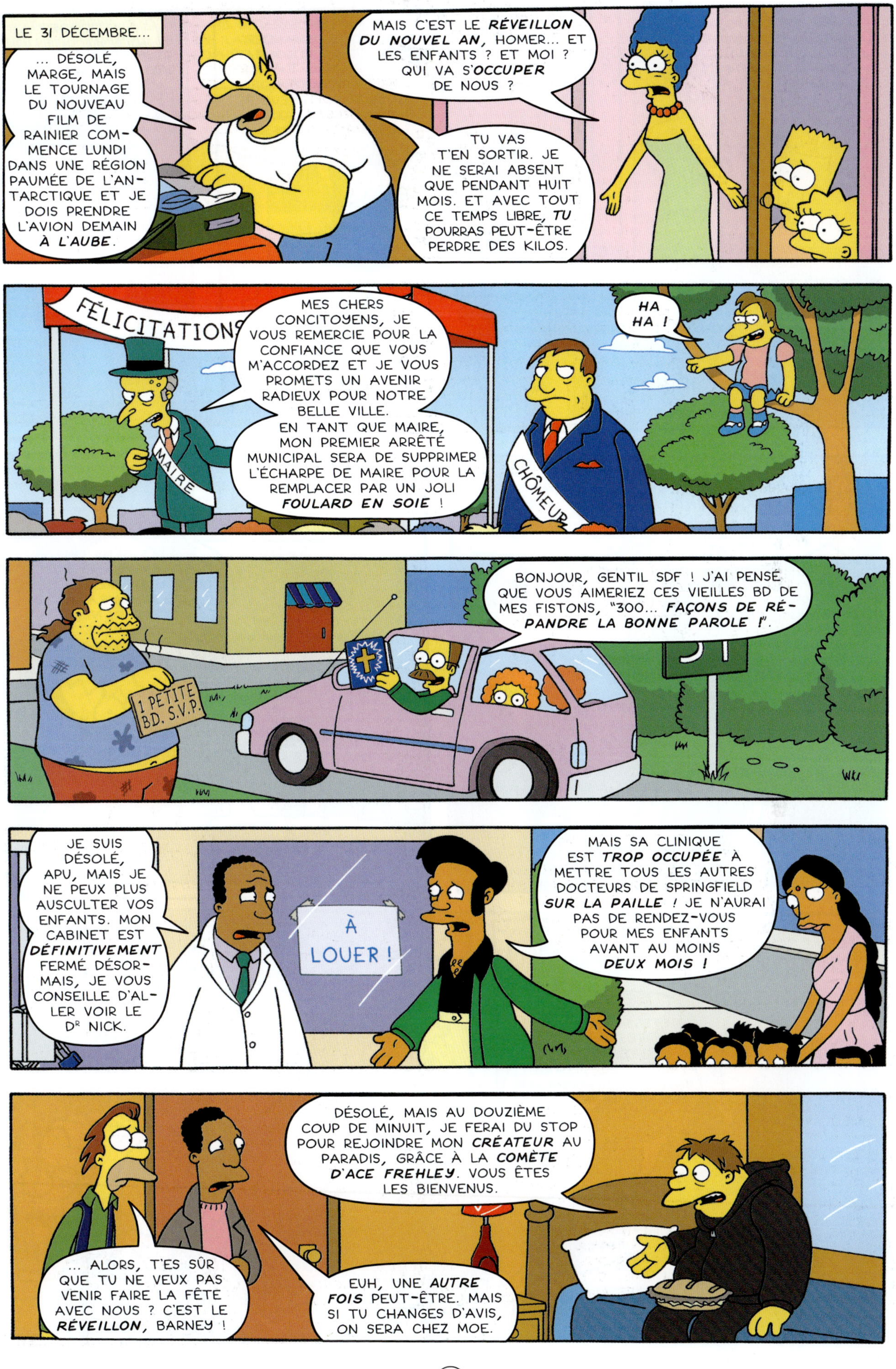

LE 31 DÉCEMBRE...
... DÉSOLÉ, MARGE, MAIS LE TOURNAGE DU NOUVEAU FILM DE RAINIER COMMENCE LUNDI DANS UNE RÉGION PAUMÉE DE L'ANTARCTIQUE ET JE DOIS PRENDRE L'AVION DEMAIN À L'AUBE.
MAIS C'EST LE RÉVEILLON DU NOUVEL AN, HOMER... ET LES ENFANTS ? ET MOI ? QUI VA S'OCCUPER DE NOUS ?
TU VAS T'EN SORTIR. JE NE SERAI ABSENT QUE PENDANT HUIT MOIS. ET AVEC TOUT CE TEMPS LIBRE, TU POURRAS PEUT-ÊTRE PERDRE DES KILOS.
FÉLICITATIONS
MAIRE
MES CHERS CONCITOYENS, JE VOUS REMERCIE POUR LA CONFIANCE QUE VOUS M'ACCORDEZ ET JE VOUS PROMETS UN AVENIR RADIEUX POUR NOTRE BELLE VILLE.
EN TANT QUE MAIRE, MON PREMIER ARRÊTÉ MUNICIPAL SERA DE SUPPRIMER L'ÉCHARPE DE MAIRE POUR LA REMPLACER PAR UN JOLI FOULARD EN SOIE !
CHÔMEUR
HA HA !
1 PETITE BD. S.V.P.
BONJOUR, GENTIL SDF ! J'AI PENSÉ QUE VOUS AIMERIEZ CES VIEILLES BD DE MES FISTONS, "300... FAÇONS DE RÉPANDRE LA BONNE PAROLE !".
JE SUIS DÉSOLÉ, APU, MAIS JE NE PEUX PLUS AUSCULTER VOS ENFANTS. MON CABINET EST DÉFINITIVEMENT FERMÉ DÉSORMAIS, JE VOUS CONSEILLE D'ALLER VOIR LE Dr NICK.
À LOUER !
MAIS SA CLINIQUE EST TROP OCCUPÉE À METTRE TOUS LES AUTRES DOCTEURS DE SPRINGFIELD SUR LA PAILLE ! JE N'AURAI PAS DE RENDEZ-VOUS POUR MES ENFANTS AVANT AU MOINS DEUX MOIS !
DÉSOLÉ, MAIS AU DOUZIÈME COUP DE MINUIT, JE FERAI DU STOP POUR REJOINDRE MON CRÉATEUR AU PARADIS, GRÂCE À LA COMÈTE D'ACE FREHLEY. VOUS ÊTES LES BIENVENUS.
... ALORS, T'ES SÛR QUE TU NE VEUX PAS VENIR FAIRE LA FÊTE AVEC NOUS ? C'EST LE RÉVEILLON, BARNEY !
EUH, UNE AUTRE FOIS PEUT-ÊTRE. MAIS SI TU CHANGES D'AVIS, ON SERA CHEZ MOE.

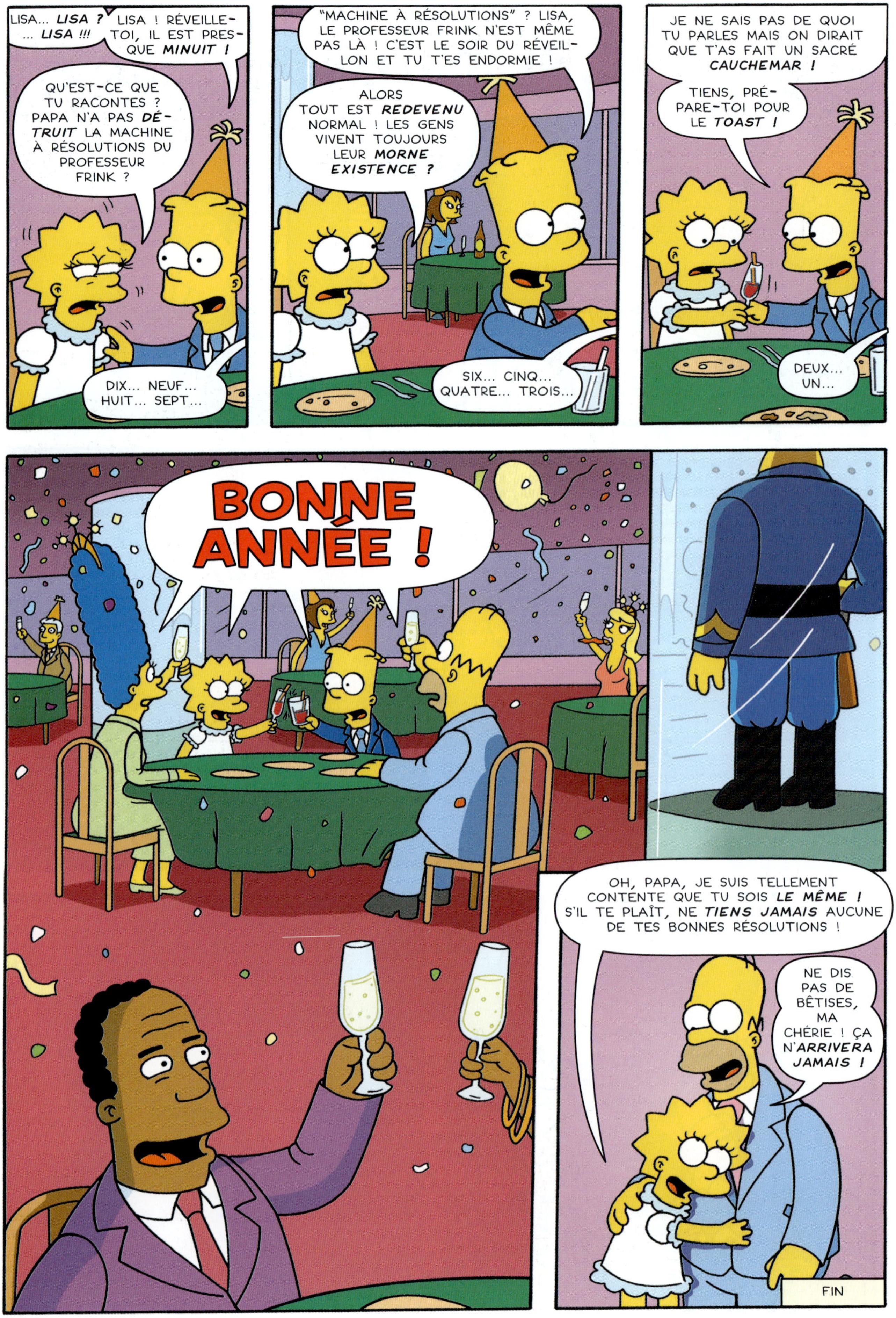
LISA... LISA ? ... LISA !!!
LISA ! RÉVEILLE-TOI, IL EST PRESQUE MINUIT !
QU'EST-CE QUE TU RACONTES ? PAPA N'A PAS DÉTRUIT LA MACHINE À RÉSOLUTIONS DU PROFESSEUR FRINK ?
DIX... NEUF... HUIT... SEPT...
"MACHINE À RÉSOLUTIONS" ? LISA, LE PROFESSEUR FRINK N'EST MÊME PAS LÀ ! C'EST LE SOIR DU RÉVEILLON ET TU T'ES ENDORMIE !
ALORS TOUT EST REDEVENU NORMAL ! LES GENS VIVENT TOUJOURS LEUR MORNE EXISTENCE ?
SIX... CINQ... QUATRE... TROIS...
JE NE SAIS PAS DE QUOI TU PARLES MAIS ON DIRAIT QUE T'AS FAIT UN SACRÉ CAUCHEMAR !
TIENS, PRÉPARE-TOI POUR LE TOAST !
DEUX... UN...
BONNE ANNÉE !
OH, PAPA, JE SUIS TELLEMENT CONTENTE QUE TU SOIS LE MÊME ! S'IL TE PLAÎT, NE TIENS JAMAIS AUCUNE DE TES BONNES RÉSOLUTIONS !
NE DIS PAS DE BÊTISES, MA CHÉRIE ! ÇA N'ARRIVERA JAMAIS !
FIN

HOMER EN HIBERNATION
EXCELLENT REPAS, MAMAN.
CONTENTE DE VOIR QUE *TOUT LE MONDE* L'A APPRÉCIÉ.
AAAAH... ESTOMAC PLEIN... COMPLÈTEMENT DILATÉ... PEUX PAS... BOUGER...
PAUL DINI & MISTY LEE SCÉNARIO
JAMES LLOYD DESSIN
ANDREW PEPOY ENCRAGE
NATHAN HAMILL COULEURS
THIERRY CASTILLO LETTRAGE
BILL MORRISON ÉDITEUR
BASILE BÉGUERIE ADAPTATION FRANÇAISE
... VITE LIBÉRER... ... VENTRE.
OHHH ! C'EST BON ! CETTE ANNÉE, JE ME METS AU RÉGIME !
MATT GROENING

TU DIS ÇA CHAQUE ANNÉE, HOMER.
CETTE FOIS, C'EST VRAI !
NON, C'EST FAUX !
TU NE ME SOUTIENS PAS BEAUCOUP.
PAS QUAND TU VEUX FINIR LES RESTES DE DINDE DANS UN SANDWICH DE PIZZAS !
JE PEUX M'EN EMPÊCHER ! C'EST NOËL !
DOMMAGE QUE TU NE PUISSES PAS HIBERNER COMME UN OURS. ILS PERDENT PRÈS DE 40 % DE LEUR POIDS EN DORMANT TOUT L'HIVER.
MALHEUREUSEMENT, NOUS LES HUMAINS SOMMES CONDAMNÉS À FAIRE DU SPORT ET À NE PAS TROP MANGER DE CALORIES.
DORMIR TOUT L'HIVER, TU DIS ? HMMM...

VOUS ÊTES SÛR QU'IL N'Y A PAS DE DANGER ?
OH, NE VOUS INQUIÉTEZ PAS. HOMER EST LE COBAYE IDÉAL POUR MON NOUVEAU SÉDATIF ULTRA-PUISSANT.
HÉÉ ! JE VEUX DORMIR COMME UN OURS, PAS COMME UN COBAYE !
ET ÇA SERA LE CAS, CHER ET CORPULENT AMI.
UNE GORGÉE DE CE BREUVAGE ET VOUS DORMIREZ JUSQU'À PÂQUES, AVEC LES PETITS LAPINS, LES POULES ET LES ŒUFS EN CHOCOLAT !
ÇA M'FAIT RIEN.
ZZZZZZZZZ...
QUAND HOMER SORTIRA D'HIBERNATION, IL SERA REPOSÉ, FRAIS ET PLUS LÉGER D'UNE BONNE CINQUANTAINE DE KILOS !
DORS BIEN, CHÉRI !
ÇA RÉSOUT SON PROBLÈME. MAIS NOUS, COMMENT ON VA FAIRE POUR TENIR L'HIVER PENDANT QUE CELUI QUI GAGNE LE PAIN ROUPILLE ?
ON DEVRAIT POUVOIR Y ARRIVER EN Y METTANT CHACUN DU NÔTRE.

C'EST VOUS, SIMPSON ? DANS MES SOUVENIRS, LE ZOMBIE QUI OCCUPAIT CE POSTE ÉTAIT BIEN MOINS TRAVAILLEUR.
LARD LAD DONUTS
JANVIER
2
C'EST MIEUX ?
POUR-SUIVEZ.
MAIS, M. BURNS, COMME MON RAPPORT LE MONTRE, LA CENTRALE POURRAIT DEVENIR ÉCOLOGIQUE ET RESTER RENTABLE !
BALIVERNES... SIMPSON. APPORTEZ-MOI DU CONCRET, QUELQUE CHOSE À SE METTRE SOUS LA DENT !
JANVIER
10
VOUS VOYEZ, QUAND VOUS VOULEZ ! CES BRIQUES DE RIZ SOUFFLÉ SONT DÉLICIEUSES !
JANVIER
17
FÉLICITATIONS HOMER
JANVIER
25
EMPLOYEE du MOIS

PENDANT CE TEMPS, DANS LA GROTTE À DODO...
ZZZZZZZZZ...
ICI, MESSIEURS...
ON VA STOCKER LA MARCHANDISE DANS CETTE GROTTE ISOLÉE JUSQU'À LA ST-VALENTIN.
QUEL PLAN GÉNIAL, PATRON : PIQUER TOUTES LES CARGAISONS DE PETITS COEURS À MESSAGES.
MERCI, GUIBOLE. CETTE ANNÉE, LES TOURTEREAUX DEVRONT METTRE LA MAIN AU PORTEFEUILLE S'ILS VEULENT S'OFFRIR DES "JTM".
ZZZZZZZZZ...
HÉ, ON NOUS ESPIONNE !
JE BUTE LE MOCHE DES CAVERNES ?
PAS SI VITE, LOUIE. SA TÊTE ME DIT QUELQUE CHOSE.
JE CROIS BIEN QU'IL S'AGIT DE MON ANCIEN ASSOCIÉ, AUGIE "LA MARMOTTE" MANETTI !
LE LÉGENDAIRE ASSASSIN RONFLEUR DE HACKENSACK !?
NOUS SOMMES EN PRÉSENCE D'UN GRAND !
NUL DOUTE QUE LA MARMOTTE ÉTAIT EN PLANQUE APRÈS UN MOIS DE VACANCES MEURTRIÈRES. PEUT-ÊTRE QU'ON POURRAIT LE CONVAINCRE DE JOINDRE NOTRE GANG JUSQU'AU DÉGEL.
ZZZZZZZZZ...
ÇA VEUT SANS DOUTE DIRE OUI !

FAIS ÇA BIEN, MARIO. RIEN N'EST TROP BEAU POUR MANETTI LA MARMOTTE.
ZZZZZ...
SI, SI, GROS TONY.
EH BIEN, HERMAN, JE VOIS QUE TU NOUS DOIS TOUJOURS QUELQUES CENTAINES DE DOLLARS POUR CES AUTHENTIQUES GARROTS SICILIENS QUE NOUS T'AVONS FOURNIS.
DÉSOLÉ, TONY. TU SAIS CE QUE C'EST... PERSONNE N'ACHÈTE RIEN APRÈS LE NOUVEL AN. SI JE POUVAIS JUSTE AVOIR DEUX SEMAINES DE PLUS...
JE COMPRENDS, MAIS LES AFFAIRES, C'EST LES AFFAIRES. LA MARMOTTE, TOMBE LUI DESSUS.
ZZZZ...
ZZZZ...
AH ! JE PAIERAI ! JE PAIERAI !
À MANETTI LA MARMOTTE ! ÇA FAIT UN MOIS QUE TU NOUS AS REJOINTS ET PAS UN VERSEMENT N'A ÉTÉ ÉVITÉ, TOUS NOS PIGEONS SONT PASSÉS À LA CAISSE !
ZZZZZ...
À LA MARMOTTE !
ÇA ME FOUT LES JETONS DE LE VOIR MANGER ET DORMIR EN MÊME TEMPS.
CET HOMME EXCELLE DANS SON ART. NE CRITIQUE PAS.
MAINS EN L'AIR !

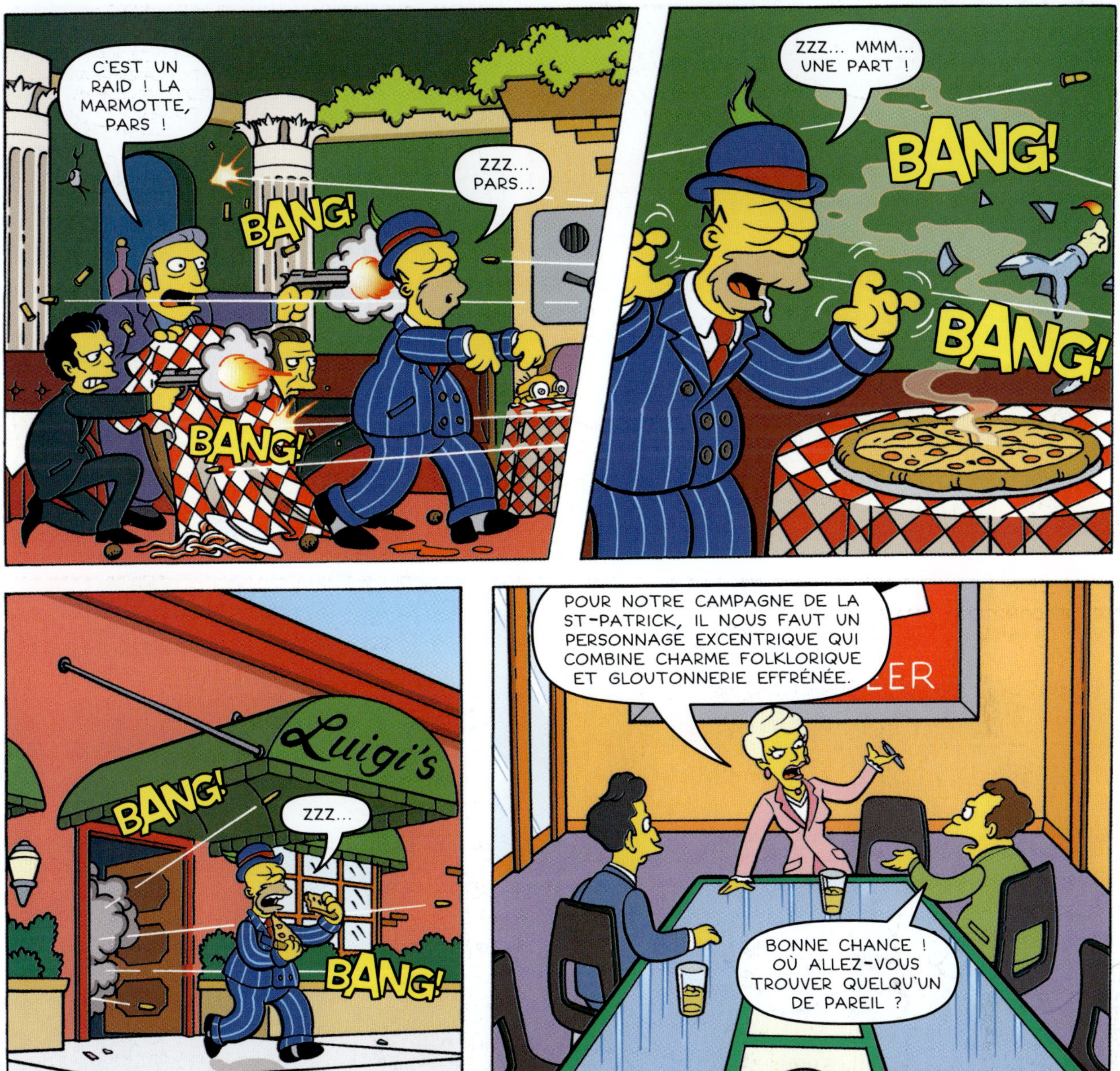
C'EST UN RAID ! LA MARMOTTE, PARS !
ZZZ... PARS...
BANG!
BANG!
ZZZ... MMM... UNE PART !
BANG!
BANG!
Luigi's
BANG!
ZZZ...
BANG!
POUR NOTRE CAMPAGNE DE LA ST-PATRICK, IL NOUS FAUT UN PERSONNAGE EXCENTRIQUE QUI COMBINE CHARME FOLKLORIQUE ET GLOUTONNERIE EFFRÉNÉE.
BONNE CHANCE ! OÙ ALLEZ-VOUS TROUVER QUELQU'UN DE PAREIL ?
ZZZZ...
ATTENDEZ ! ON A UN JOB POUR VOUS !

NOM DI DIOU ! VOICI VOTRE LEPRECHAUN PRÉFÉRÉ, TORD-BOYAUX O'HARA, EN TRAIN DE BOIRE LA NOUVEAUTÉ DE CHEZ DUFF : LA BINOUZE AU TRÈFLE !
EN CE MOIS DE MARS, REJOIGNEZ TORD-BOYAUX POUR UN "COMPTE À REBOIRE" JUSQU'À LA ST-PATRICK ! QUE CE SOIT AU RALLYE DE MONSTERS TRUCKS DE SPRINGFIELD...
... AU CONCOURS DE T-SHIRTS MOUILLÉS À LA BIÈRE...
OU DANS VOTRE BAR À POIVROTS PRÉFÉRÉ ! MAIS DÉPÊCHEZ-VOUS CAR CE SERA FINI APRÈS LE 18 MARS !
DEHORS, LES ALCOOLOS ! RENDEZ-VOUS LE 5 MAI !
JE NE VEUX PLUS JAMAIS REVOIR DE LA MOUSSE VERTE.
AMEN !
ZZZ... ¦GARGOUILLE...¦
LA BINOUZE AU TRÈFLE DE DUFF A ÉTÉ UN VÉRITABLE SUCCÈS. C'EST GRÂCE À VOUS, TORD-BOYAUX !
MAIS QUE VA-T-ON FAIRE DE LUI MAINTENANT QUE LA CAMPAGNE EST FINIE ?
AGENCE D'INTÉRIM DE PERSONNAGES SAISONNIERS DE SPRINGFIELD... OH, BONJOUR, MME QUIMBY... UN BON GROS LAPIN DE PÂQUES POUR LA CHASSE AUX ŒUFS ANNUELLE DU MAIRE ? DÉSOLÉ, MAIS...
AGENCE D'INTÉRIM DE PERSONNAGES SAISONNIERS DE SPRINGFIELD

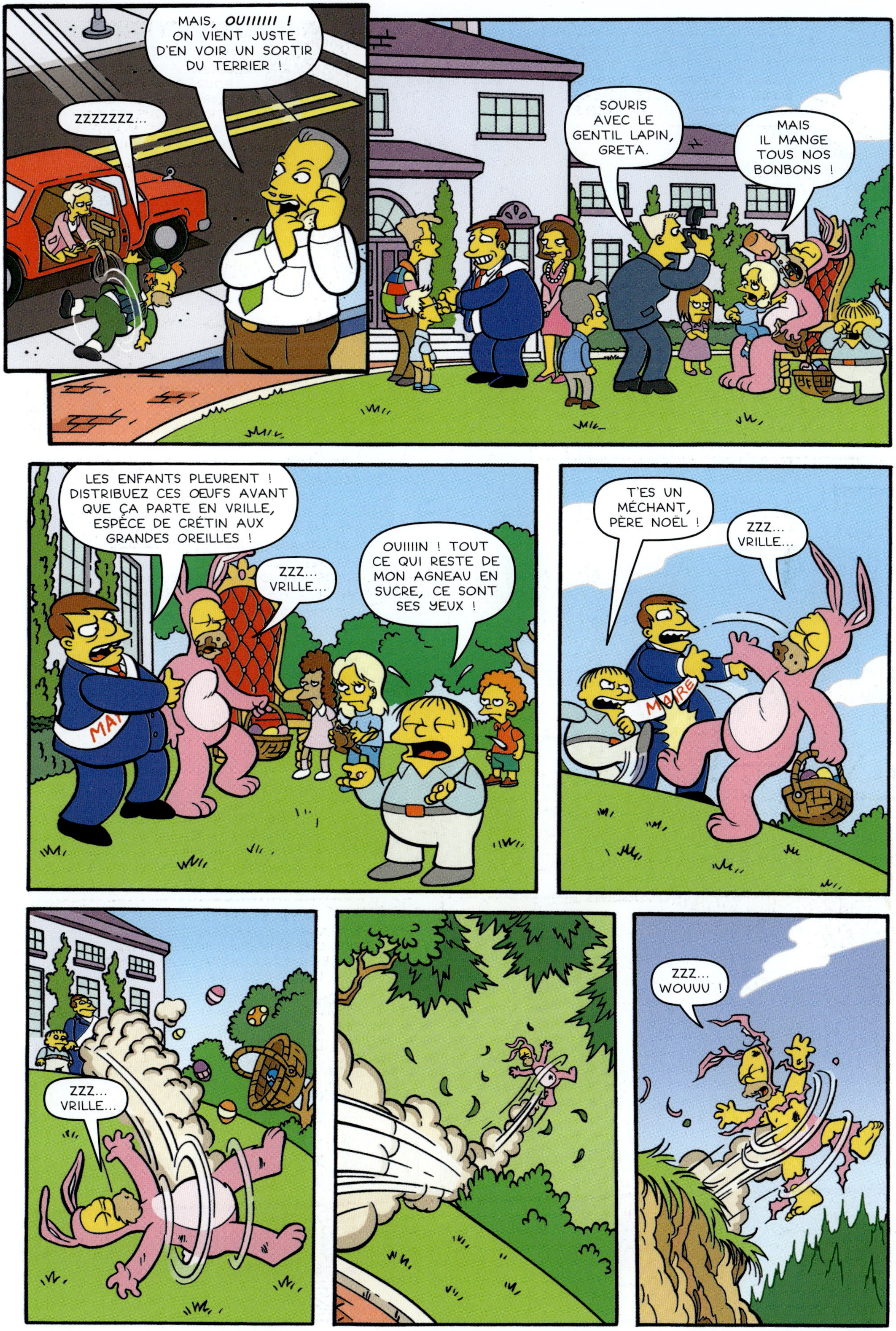
MAIS, OUIIIIII ! ON VIENT JUSTE D'EN VOIR UN SORTIR DU TERRIER !
ZZZZZZZ...
SOURIS AVEC LE GENTIL LAPIN, GRETA.
MAIS IL MANGE TOUS NOS BONBONS !
LES ENFANTS PLEURENT ! DISTRIBUEZ CES ŒUFS AVANT QUE ÇA PARTE EN VRILLE, ESPÈCE DE CRÉTIN AUX GRANDES OREILLES !
ZZZ... VRILLE...
OUIIIIN ! TOUT CE QUI RESTE DE MON AGNEAU EN SUCRE, CE SONT SES YEUX !
T'ES UN MÉCHANT, PÈRE NOËL !
ZZZ... VRILLE...
MAIRE
ZZZ... VRILLE...
ZZZ... WOUUU !

ZZZZ..
AÏE...
ZZZZ...
SELON MES CALCULS, VOTRE PÈRE DEVRAIT SORTIR D'HIBERNATION DANS ENVIRON... MAINTENANT !
DEBOUT LÀ-DEDANS !
ZZZ... HEIN ?
COMMENT TU TE SENS ?
AFFAMÉ.
COMBIEN DE POIDS A-T-IL PERDU, PROFESSEUR ?
OH MON DIEU ! C'EST INCROYABLE !
NON SEULEMENT HOMER A CONSERVÉ TOUTE SA GRAISSE, MAIS IL A EN PLUS GAGNÉ 25 KILOS !
QUOI !?
VOUS ÊTES, MON CHER, UN MIRACLE SCIENTIFIQUE !
WHOU-HOU !
FIN